Bensly R.L.

The Epistles of S. Clement to the Corinthians in Syriac

Bensly R.L.

The Epistles of S. Clement to the Corinthians in Syriac

ISBN/EAN: 9783337728786

Printed in Europe, USA, Canada, Australia, Japan

Cover: Foto ©Lupo / pixelio.de

More available books at **www.hansebooks.com**

ܐܓܪܬܐ ܩܕܡܝܬܐ ܕܩܠܝܡܝܣ

ܕܥܠ ܒܬܘ̈ܠܬܐ.

A

ܐܓܪܬܐ ܩܕܡܝܬܐ ܕܩܠܝܡܝܣ

ܕܠܘܬ ܩܘܪܝܢܬܝܐ.

ܐ ܐܓܪܬܐ ܩܐܬܘܠܝܩܐ ܕܩܠܝܡܝܣ ܬܠܡܝܕܐ ܕܦܛܪܘܣ ܫܠܝܚܐ ܕܠܘܬ ܥܕܬܐ ܕܩܘܪܝܢܬܝܐ ܡܪܝܢܐ ܕܚܕ

[I.] ܒܫܡܐ ܕܝܗ. ܕܟܠܗܿ ܡܚܝܠܬܐ. ܥܕܬܐ ܕܐܠܗܐ ܗܝ ܕܡܬܬܘܬܒܐ ܒܪܘܡܝ. ܠܥܕܬܐ ܕܐܠܗܐ ܗܝ ܕܡܬܬܘܬܒܐ ܒܩܘܪܢܬܘܣ: ܩܪ̈ܝܐ ܩܕ̈ܝܫܐ ܒܨܒܝܢܐ ܕܐܠܗܐ: ܒܝܕ ܡܪܢ ܝܫܘܥ ܡܫܝܚܐ. ܛܝܒܘܬܐ ܘܫܠܡܐ ܢܣܓܐ ܠܟܘܢ: ܡܢ ܐܚܝܕ ܟܠ ܐܠܗܐ: ܒܝܕ ܝܫܘܥ ܡܫܝܚܐ. ⁘ ܡܛܠ ܚ̈ܫܘܬܐ ܘܫܘܪ̈ܥܬܐ ܘܣܘܥܪ̈ܢܐ ܕܗܘܝ ܠܢ ܡܬܥܩܠ ܗܘܝܢ ܒܬܪ ܚܕ ܐܘ̈ ܬܪ̈ܝܢ. ܡܥܩܒܢܐܝܬ ܡܬܦܢܝܢ ܠܡܟܬܒ ܡܬܒܥܝܢܘܬܐ: ܡܛܠ ܗܘܒ̈ܠܐ ܗܠܝܢ ܕܡܬܒܥܝܢ ܠܘܬܟܘܢ. ܡܢ ܦܠܐܣܘܣ ܒܝܬ ܗ̇ܢܘ ܕܝܢ ܥܓܘܫܝܐ ܗܘ ܡܛܢܦܐ ܘܠܐ ܚܣܝܐ: ܗܘ ܢܘܟܪܝܐ ܘܐܟܣܢܝܐ ܠܓܒ̈ܝܐ ܕܐܠܗܐ: ܗܘ ܕܩܠܝܠ ܦܪ̈ܨܘܦܐ ܚܨܝܦܝ ܕܐܝܬܝܗܘܢ ܦܩ̈ܝܦܐ ܘܡܪ̈ܝܚܐ. ܠܟܠܗ̇ ܗܕܐ ܫܡܗܬܐ ܐܝܬܘ ܒܝܕ ܐܬܦܪܣܘܬܗ: ܐܝܟܢܐ ܕܫܡܐ ܕܠܟܘܢ ܗܘ ܚܒܝܒܐ ܘܡܫܒܚܐ ܘܕܠܟܠܗܘܢ ܒܢ̈ܝܢܫܐ ܢܨܝܚܐ ܕܗܘܐ ܝܕܝܥܐ ܘܪܚܝܡܐ. ܪܘܪܒܐܝܬ ܢܬܓܕܦ.⁘ ܡܢܘ ܓܝܪ ܕܒܟ ܐܬܐ ܠܘܬܟܘܢ: ܠܐ ܒܩܐ ܠܗܝܡܢܘܬܟܘܢ ܗܝ ܡܫܬܪܪܬܐ·

ܐܓܪܬܐ ܩܕܡܝܬܐ ܕܦܝܠܛܘܣ ܕܠܘܬ ܩܘܪܝܢܬܐ. ܠ

ܟܠ ܡܫܪܪܬܐ: ܘܡܫܦܪܘܬ ܕܟܠܬܐ ܕܡܠܟܘܢ ܗܘ ܢܒܗܘܬܐ ܘܢܨܝܚܬܐ ܕܡܫܝܚܐ ܠܐ ܐܬܕܟܪ: ܘܠܢܟܐ ܕܪܘܚܬ ܐܒܗܝܘܬܐ ܕܡܠܟܘܢ ܗܘ ܦܐܐ ܒܪܘܚܬܐ [ܠܐ] ܐܚܪܝ: ܘܠܬܝܒܘܬܐ ܕܡܠܟܘܢ ܗܘ ܡܫܡܠܝܘܬܐ ܘܗܝܡܢܘܬܐ ܠܐ ܝܗܒ ܦܘܩܕܢܐ. ܀ ܕܠܐ ܡܡܫܒ ܒܐܦܐ ܒܪ ܟܠ ܡܕܡ ܚܒܕܝܢ ܗܘܝܬܘܢ: ܘܒܝܬܡܦܐ ܕܐܠܗܐ ܡܫܠܡܝܢ ܗܘܝܬܘܢ. ܟܕ ܡܫܬܒܒܝܢ ܗܘܝܬܘܢ ܠܡܪܒܝܢܘܬܟܘܢ. ܘܐܝܟܢܐ ܗܘ ܕܪܚܡ ܗܘܐ ܦܠܚܝܢ ܗܘܝܬܘܢ ܠܩܫܝܫܐ ܕܝܠܗܘܢ ܕܠܘܬܟܘܢ. ܠܚܠܝܐ ܒܝܬ. ܕܟܡܫܝܚܘܬܐ ܘܒܝܬܝܘܬܐ ܢܝܪܗܘܢ ܚܟܡܝܢ ܗܘܝܬܘܢ. ܠܚܣܐ ܒܝܬ. ܕܒܬܐܪܬܐ ܕܒܝܬܐ ܘܕܠܐ ܡܗܡ ܒܠܒܕܡ ܢܚܠܝܢ ܡܚܦܕܝܢ ܗܘܝܬܘܢ. ܟܕ ܚܫܒܝܢ ܕܕܦܐܝܬ ܠܟܒܪܐ ܕܝܠܗܝܢ. ܟܕ ܒܝܬ ܒܡܘܢܐ ܕܫܘܒܚܐ ܐܝܬܝܗܝܢ: ܒܡܠܬܐ ܒܢܚܐܝܬ ܕܐܪ̈ܥܝܢ ܒܟܬ̈ܒܝܗܘܢ ܟܠܗܝܢ ܗܘܝܬܘܢ:

[II.] ܟܕ ܦܓܥ ܢܦܫ̈ܝ ܒܒܝܘܬܐ. ܟܠܗܘܢ ܒܝܬ ܡܒܝܢܒܬܐ ܡܬܪ̈ܟܝܢ ܗܘܝܬܘܢ: ܟܕ ܘܠܐ ܒܡܕܡ ܡܫܬܘܠܝܢ ܗܘܝܬܘܢ. ܟܕ ܡܫܬܒܒܝܢ ܗܘܝܬܘܢ ܠܬܪܐܝܬ. ܐܘ ܡܫܒܒܝܢ ܗܘܝܬܘܢ ܠܐܚܪ̈ܝܐ. ܟܕ ܗܝܟܐܝܬ ܢܗܒܝܢ ܗܘܝܬܘܢ: ܐܘ ܢܣܒܝܢ ܗܘܝܬܘܢ. ܟܕ ܒܝܬܐ ܚܝܬܐ ܐܘܒܝܬ ܒܦܘܩܕܢܘܬܐ ܕܡܫܝܚܐ: ܢܛܪܝܢ ܗܘܝܬܘܢ ܦܘܩܕܢܘܬܐ ܘܢܝܫܝܢ ܗܘܝܬܘܢ: ܟܕ ܒܥܠܬܐ ܒܝܬ ܕܠܗ ܝܨܦܐܝܬ ܡܬܛܟܣܝܢ ܗܘܝܬܘܢ ܒܠܒܘܬܟܘܢ. ܘܢܫܐ ܕܠܗܿ ܐܝܬܝܗܝܢ ܗܘܘ ܡܕܡ ܚܫܝܐ ܕܠܒܘܢ. ܗܒܝܢܐ ܥܒܝܐ ܒܡܗܘܢ ܘܢܨܝܚܐ ܡܬܝܗܒ ܗܘܐ ܠܟܠܟܘܢ. ܘܪܘܚܬܐ ܕܠܐ ܣܒܥ ܐܝܬ ܗܘܐ ܠܟܘܢ ܠܘܬ ܣܘܥܪܢܐ ܛܒܬܐ. ܘܡܬܐܪܐܬܐ

1 Cod. ܗܘ̄ ܕܡܠܟܘܢ.

3 ܠܐ has been omitted by the scribe.

13 Cod. ܕܐܪ̈ܥܢ* ܕܟܬ̈ܒܝܗܘܢ (? erased bef. ܢ).

ܡ̈ܠܝܬܐ ܕܪܘܚܐ ܩܕܝܫܐ ܥܠ ܟܠܢ ܗܘܝܢ ܗܘܘ. ܟܕ ܒܝܬ ܐܝܬܝܟܘܢ ܗܘܝܬܘܢ ܡ̈ܠܝܬܐ ܡܢ ܬܪܥܝܬܐ ܫܦܝܪܬܐ ܒܚܣܝܘܬܐ ܠܓܡܪܬܐ: ܡܢ ܬܚܠܘܬܐ ܥܒܝܕܬ ܕܫܠܝܬܐ. ܦܓܠܝܢ ܗܘܝܬܘܢ ܐܢ̈ܬܝܢ ܠܘܬ ܐܝܢܐ ܕܠ ܐܠܗܐ. ܟܕ ܡܬܒܥܝܢ ܗܘܝܬܘܢ ܠܗ ܕܡܫܝܚܐ ܢܗܘܐ: ܐܟ ܡܐ ܕܐܡ ܕܒܢܝܢܐ ܫܠܡ ܗܘܝܬܘܢ. ܐܓܘܢܐ ܐܝܬܘܗܝ ܗܘܐ ܠܟܘܢ ܒܐܝܡܢܘܬܐ ܥܠ ܘܟܠܝܠܐ ܚܠܦ ܟܠܗ ܐܚܝܬܐ. ܠܘܬ ܗܘ ܕܡܬܦܪܥ ܡܢ ܕܝܢܐ ܘܬܐܪܬܐ ܠܒܬܐ ܡܢܣܝܢܐ ܗܘ ܕܟܐܢܐ ܕܠܗ. ܢܩܝܐ ܘܩܕܝܫܐ ܘܪܚܝܡܐ ܐܝܬܝܟܘܢ ܗܘܝܬܘܢ. ܘܠܐ ܡܬܒܥܝܢ ܟܢܝܫܬܐ ܠܘܬ ܫܪܪܐ. ܟܠ ܐܓܘܢܐ ܥܠ ܦܐܪܐ: ܢܦܫܐ ܐܝܬܘܗܝ ܗܘܐ ܠܟܘܢ. ܟܠ ܢܨܚܬܐ ܕܡܪ̈ܝܐ ܡܬܐܟܠܝܢ ܗܘܝܬܘܢ. ܠܒܢ̈ܝܐ ܕܠܗܘܢ. ܒܚܝܝܟܘܢ ܘܒܟܘܢ ܢܚܝܢ ܗܘܝܬܘܢ. ܠܐ ܡܬܬܘܢܝܢ ܐܝܬܝܟܘܢ ܗܘܝܬܘܢ ܟܠ ܟܠ ܡܕܡ ܕܪܘܚܬܐ ܠܒܪܬܐ. ܡܠܬܝܢܐ ܠܘܬ ܟܠ ܒܢܝܐ ܠܒܪܐ. ܕܡܬܒܟܝܢ ܒܦܘܠܚܢܐ ܡܬܪܬ ܒܟܠ ܘܒܡܫܪܪܬܐ. ܟܠܗܝܢ ܒܕܫܠܝܐ ܕܠܗ ܡܬܟܠܝܢ ܗܘܝܬܘܢ. ܦܘܩܕܢܐ ܘܢܡܘܣܐ ܕܡܪܢ. ܟܠ ܩܘܬܐ ܕܠܒܐ

[III.] ܕܠܟܘܢ ܡܬܟܢܝܢ ܗܘܘ. ܟܠܗ ܬܫܡܫܬܐ ܘܦܘܬܚܬܐ ܐܬܝܗܒܬ ܠܟܘܢ. ܘܐܫܬܠܡܬ ܟܠܟܘܢ ܗܝ ܕܡܬܟܬܒܐ: ܕܐܟܠ ܘܐܫܬܝ: ܘܐܬܦܛܡ ܘܐܬܥܒܝ ܘܒܥܛ ܚܒܝܒܐ. ∴ ܡܢ ܗܕܐ ܛܢܢܐ ܘܚܣܡܐ: ܚܪܝܢܐ ܘܦܠܓܘܬܐ: ܪܕܘܦܝܐ ܘܫܒܝܬܐ: ܩܪܒܐ ܘܥܪܘܒܝܐ. ܗܟܢܐ ܡܛܠ ܗܠܝܢ ܠܐ ܡܬܒܛܪܐ ܟܠ ܡܬܒܛܪܐ: ܠܐ ܡܫܬܡܥܐ ܟܠ ܡܫܬܡܥܐ: ܦܠܚܐ ܟܠ ܢܚܡܐ: ܦܠܚܐ ܟܠ ܦܠܚܐ. ܡܛܠ ܗܕܐ ܒܪܘܚܐ ܐܝܬܝܗ ܕܚܣܝܘܬܐ ܘܡܫܝܚܐ: ܟܕ ܫܒܩ ܟܠ

7 Cod. ܒܠܗ.

ܐܝܟ ܠܕܝܠܬܐ ܕܐܠܗܐ: ܘܒܡܫܝܚܘܬܗ ܕܒܪܗ:
ܐܦܠܐ ܒ̈ܢܝܢܫܐ ܕܦܘ̈ܩܕܢܘܗܝ ܠܡܗܠܟܘ: ܐܦܠܐ
ܠܡܬܪܥܝܘ ܢ̰ܟܐ ܐܝܟ ܕܙܕܘ ܠܡܫܝܚܐ: ܐܠܐ ܟܠܢܫ
ܐܢܫ ܐܝܟ ܕ̈ܝܠܝܬܐ ܕܠܗ ܒܥܐ: ܗܢ ܠܒܝܫܐ ܒܫܠܐ
ܘܪܫܝܥܐ ܢܗܦܟܘ: ܗܘ ܕܒܐܪ̈ܥܬܗܘܢ ܟܠ ܠܡܘܬܐ
[IV.] ܠܥܠܡܐ ܀ ܟܬܝܒ ܓܝܪ ܗܟܢܐ. ܘܗܘܐ ܡܢ ܒܬܪ ܝ̈ܘܡܬܐ.
ܐܝܬܝ ܩܐܝܢ ܡܢ ܦܐܪ̈ܐ ܕܐܪܥܐ ܕܒܚܬܐ ܠܐܠܗܐ.
ܐܦ ܗܒܝܠ: ܐܝܬܝ ܐܦ ܗܘ ܡܢ ܒܘܟܪ̈ܐ ܕܒܥܝܪܐ
ܕܠܗ ܘܡܢ ܬܪܒܐ ܕܠܗܘܢ: ܘܐܬܦܢܝ ܐܠܗܐ ܥܠ
ܗܒܝܠ ܘܥܠ ܩܘܪ̈ܒܢܘܗܝ. ܥܠ ܕܝܢ ܩܐܝܢ ܘܥܠ ܕܒܚܬܗ ܠܐ
ܐܬܦܢܝ. ܘܐܬܬܚܡ ܩܐܝܢ ܛܒ. ܘܐܬܟܡܪܘ ܦܪ̈ܨܘܦܗ.
ܘܐܡܪ ܐܠܗܐ ܠܘܬ ܩܐܝܢ. ܠܡܢܐ ܒܝܫܘܬܐ ܗܘܬ.
ܘܠܡܢܐ ܐܬܟܡܪܘ ܦܪ̈ܨܘܦܟ. ܠܐ ܗܘܐ ܬܪ̈ܝܨܐܝܬ ܬܩܪܒ..
ܬܪ̈ܝܨܐܝܬ ܕܝܢ: ܠܐ ܬܦܠܓ. ܚܛܝܬ. ܫܬܘܩ. ܠܘܬܟ
ܡܬܦܢܝܢܘܬܗ: ܘܐܢܬ ܬܫܬܠܛ ܒܗ. ܘܐܡܪ ܩܐܝܢ
ܠܘܬ ܗܒܝܠ ܐܚܘܗܝ. ܢܥܒܪ ܗܒܝܠ ܠܦܩܥܬܐ. ܘܗܘܐ
ܕܟܕ ܐܝܬܝܗܘܢ ܒܦܩܥܬܐ. ܩܡ ܩܐܝܢ ܥܠ ܗܒܝܠ ܐܚܘܗܝ
ܘܩܛܠܗ.. ܚܙܝܢ ܐܚܝ̈ ܚܒܝܒܝ: ܠܒܝܫܐ ܘܢܟܝܠܘܬܗ
ܘܦܠܘܠܬܗ ܐܝܟܢܐ ܥܒܕ. ܕܟܠ ܒܝܫܐ ܡܚܘܒܒ ܐܝܟܐ ܕܠܟ:
ܒܪܗ ܡܢ ܩܕܡ ܦܪ̈ܨܘܦܗ ܕܒܗܘ ܐܚܘܗܝ. ܠܒܝܫܐ ܒܥܒܕ
ܠܗܘܢ: ܕܒܥܒܕܐ ܠܡܘܬܐ ܢܬܪܕܦ: ܘܒܥܒܕܐ
ܠܥܒܕܘܬܐ ܢܬܬܐ. ܠܒܝܫܐ ܠܥܒܕܘ ܐܠܨܗ ܠܡܘܬܐ: ܡܢ
ܩܕܡ ܦܪ̈ܨܘܦܗ ܕܩܠܝܠܐ ܕܡܬܚܙܝܢ: ܗܢ ܥܒܕ ܡܢ ܒܪ
ܥܒܕܬܗ: ܕܢܒܥܘ ܐܩܘܪܒܝܢ ܒܠܗܝ ܪܫܥܐ ܘܪܢܝܐ: ܕܠܡܐ
ܬܦܠܠܢ ܒܟܢܐ ܐܢܬ: ܐܝܟ ܕܗܢܐ ܕܦܠܠܬ ܐܬܡܠ ܠܗܘ

24 Cod. ܒܟܠ[ܡܝ]. There is a hole in the parchment here.

ܡܓܪܫܐ. ܡܛܠ ܐܝܟܢܐ ܐܡܪܘܢ ܘܡܬܪܡܝܢ. ܠܒܪ ܡܢ ܡܫܪܝܬܐ ܟܠܗ. ܐܝܟܢܐ ܠܕܐܬܐ ܘܠܐܟܣܪܝܢ. ܕܐ ܕܒܐܝܢ ܐܝܬ ܐܝܟܢ ܠܥܡܠ: ܡܛܠ ܕܢܓܝܪܘ ܠܘܬ ܡܫܝܚܝܐ ܕܐܠܗܐ ܡܗܝܡܢܐ. ܡܛܠ ܐܝܟܢܐ ܠܚܘܫ ܢܣܒܝܢܐ ܗܘܐ ܠܗ. ܠܐ ܒܠܚܘܕ ܡܢ ܩܠܝܠܬܐ. ܐܠܐ ܐܦ ܡܢ ܥܡܘܩ ܫܠܡܐ

[V.] ܕܐܝܣܪܐܝܠ ܐܬܪܕܦ. ∴ ܐܠܐ ܡܛܠ ܕܡܢ ܬܝܒܘܬܐ ܒܬܝܒܘܬܐ ܢܠܒܝ. ܢܐܬܐ ܠܝ ܠܘܬ ܐܬܠܓܐ ܚܘܒܐ ܕܗܘܐ ܒܗܘܪܒܐ. ܢܦܩ ܡܢ ܕܘܟܐ ܕܐܠܝܢ ܬܝܒܘܬܐ ܫܠܝܚܬܐ. ܡܛܠ ܐܝܟܢܐ ܘܡܫܒܚܐ: ܚܘܒܐ ܒܢܦܫܐ ܪܘܪܒܐ ܘܕܬܝܪ ܡܢ ܒܠܥ ܕܝܕܥܝܢ ܗܘܘ ܐܬܪܕܦܘ: ܘܒܥܒܕܐ ܠܡܘܬܐ ܐܬܚܫܒܘ. ܢܦܩ ܘܕܡ ܚܙܝܢ ܠܩܠܝܠܐ ܐܝܟܢܐ. ܦܐܝܪܘܣ ܡܛܠ ܐܝܟܢܐ ܚܘܠܝ. ܠܐ ܚܕ ܘܠܐ ܬܘܪܝܢ: ܐܠܐ ܒܟܠܗܝܢ ܫܓܝܐܐ ܚܒܠ. ܘܗܕ ܗܒܢܐ ܐܦܝܗ: ܐܝܟ ܠܥܒܕܬܐ ܕܬܒܥܢܘܬܐ ܐܚܪܐ ܕܡܬܬܝܢܒܐ ܗܘܬ ܠܗ.. ܡܛܠ ܐܝܟܢܐ ܘܚܙܝܢܐ ܦܠܘܣ: ܬܒܥܬܐ ܕܡܫܒܪܢܘܬܐ ܗܒܪ. ܕܐ ܥܒܕ ܕܒܢܝܢ ܒܐܘܪܚܐ ܢܦܠ. ܕܐ ܓܪܡ. ܕܐ ܐܬܪܓܡ. ܕܐ ܒܪܘܪܐ ܗܘܐ ܒܡܕܝܢܬܐ ܘܒܡܕܒܪܐ. ܥܡܘܠܐ ܚܠܝܠܐ ܕܡܫܬܘܕܝܢ ܢܦܩ ܕܪܡܣܘܬܐ. ܕܐ ܐܠܦ ܠܟܠܗ ܒܠܡܐ. ܘܗܕ ܠܐܓܪܬܗ ܕܡܒܪܟܐ ܐܬܐ ܘܐܦܫܪ ܘܗܘ ܚܘܒܗ ܕܐܬܝܗܘܢ ܪܡܐ. ܗܒܢܐ ܐܓܒܝ ܡܢ ܗܢܐ ܒܠܡܐ. ܘܐܬܦܫܛ ܠܗܒܬܐ ܘܕܥܬܐ. ܕܐ

[VI.] ܬܝܒܘܬܐ ܪܒܬܐ ܗܘܐ ܕܡܫܒܪܢܘܬܐ. ܠܗܠܝܢ ܓܒܪܐ ܕܐ ܢܣܝܒܬ ܐܬܪܒܝܘ: ܓܒܪܐ ܗܓܝܢܐ ܕܢܒܝܐ ܐܬܢܒܝܘ. ܗܠܝܢ ܒܗܬ ܕܗܕ ܒܢܓܕܐ ܘܫܢܕܐ

18 Cod. | ܘܦ.

22 Cod. | ܕܡܫܒܪܢܘ.

ܦ̈ܠܐܐ ܣܓܝ ܡܛܠ ܛܢܢܐ. ܬܫܘܝܬܐ ܛܒܬܐ ܗܘܬ ܡܢ.
ܡܛܠ ܛܢܢܐ ܢܫ̈ܐ ܕܐܢܫ̈ܝܗ. ܘܕܢܝ̈ܕܐ ܒܗ ܐܬܪ̈ܕܦܝ
ܘܕܪ̈ܩܐ ܒܫ̈ܢܩܐ ܘܠܐ ܢ̈ܡܘܣܐ ܢ̈ܟܝܢ ܘܩ̈ܫܝܢ. ܠܘܬ
ܪܗܛܐ ܡܫܪ̈ܪܐ ܕܗܝܡܢܘܬܐ ܡ̈ܛܝܝ. ܘܢ̈ܣܒܝ ܐܓܪܐ
ܫܠܝܬܢܐ: ܗܠܝܢ ܕܡܚ̈ܝܠ ܗܘܝ ܒܦܓܪܐ.. ܛܢܢܐ ܢܟܪ
ܡܢ ܚܒܪ̈ܐ ܠܢ̈ܫܘܬܐ ܕܒܥܠܝܗܝܢ. ܘܫܢܝ. ܠܗܝ ܕܐܬܐܡܪܬ
ܡܢ ܐܒܘܢ ܐܕܡ: ܗܕܐ ܗܫܐ ܓܪܡܐ ܡܢ ܓܪ̈ܡܝ:
ܘܒܣܪܐ ܡܢ ܒܣܪܝ ܕܝܠܝ. ܛܢܢܐ ܘܚܪܝܢܐ. ܡܕܝ̈ܢܬܐ
[VII.] ܪ̈ܘܪܒܬܐ ܗܦܟ ܘܥ̈ܡܡܐ ܪ̈ܘܪܒܐ ܥܩܪ. ܗܠܝܢ ܚ̈ܒܝܒܝ.
ܠܐ ܒܠܚܘܕ ܕܝܢ ܠܟܘܢ ܡܙܗܪܝܢ ܚܢܢ ܟܕ ܐܟܬܒܢ.
ܐܠܐ ܐܦ ܕܝܢ ܚܢ ܠܢ ܡܥܗܕܝܢܢ. ܒܗ ܓܝܪ ܕܝܢ ܒܗ
ܒܐܣܛܪܐ ܐܢܬܘܢ. ܘܗܘ ܕܝܢ ܗܘ ܐܓܘܢܐ ܩܝܡ ܠܢ.
ܡܛܠܗܕܐ ܢܫܒܩ ܡܢ ܪ̈ܢܝܢܐ ܣܦܝܩܬܐ ܘܣܪ̈ܝܩܬܐ.
ܘܢܐܬܐ ܠܘܬ ܩܢܘܢܐ ܡܫܒܚܐ ܘܡܝܩܪܐ ܕܫܠܡܘܬܢ:
ܘܢܚܙܐ ܡܢܐ ܫܦܝܪ ܘܡܢܐ ܪܓܝܓ. ܘܡܢܐ ܡܩܒܠ ܩܕܡ
ܗܘ ܕܥܒܕܢ ܠܢ. ܢܬܒܩܐ ܒܕܡܐ ܕܡܫܝܚܐ. ܘܢܕܥ
ܕܡܝܩܪ ܐܝܬܘܗܝ ܠܐܒܘܗܝ: ܗܘ ܕܡܛܠ ܐܬܐܫܕ ܡܛܠ
ܦܘܪܩܢܐ ܕܝܠܢ ܠܟܠܗ ܥܠܡܐ ܬܝܒܘܬܐ ܩܪܒ. ܢܚܕܪ ܥܠ
ܟܠܗܘܢ ܕܪ̈ܐ. ܢܐܠܦ ܕܒܕܪܐ ܘܒܕܪ̈ܐ: ܕܘܟܬܐ
ܕܬܝܒܘܬܐ ܝܗܒ: ܠܗܢܘܢ ܕܨܒܝܢ ܠܡܬܦܢܝܘ ܠܘܬܗ.
ܢܘܚ ܐܟܪܙ ܬܝܒܘܬܐ. ܘܐܝܠܝܢ ܕܫܡܥܘܗܝ ܐܫܬܘܙܒܘ.
ܝܘܢܢ ܠܢ̈ܝܢܘܝܐ ܗܦܘܟܝܐ ܐܟܪܙ. ܗܠܝܢ ܕܝܢ ܬܒܘ ܥܠ
ܚܛܗ̈ܝܗܘܢ: ܪܥܘ ܠܐܠܗܐ ܟܕ ܡܬܟܫܦܝܢ ܠܗ. ܘܢܣܒܘ
ܦܘܪܩܢܐ. ܟܕ ܢܟ̈ܪܝܐ ܕܐܠܗܐ ܐܝܬܝܗܘܢ ܗܘܘ.
[VIII.] ܡܫ̈ܡܫܢܐ ܕܛܝܒܘܬܐ ܕܐܠܗܐ ܒܪܘܚܐ ܩܕܝܫܐ. ܡܛܠ

19 ܘܒܕܪ̈] The letters ܒ are written over an erasure.

ܬܡܝܡܘܬܐ ܡܠܠܐ. ܘܐܦ ܗܘ ܕܝܢ ܡܪܐ ܕܟܠ. ܡܛܠ ܬܡܝܡܘܬܐ ܡܛܠ ܚܡ ܦ̈ܘܡܝܬܐ. ܚܕ ܐܢܐ ܓܒܪ ܐܡܪ ܡܢܝ. ܕܠܐ ܢܓܘܕܐ ܐܢܐ ܒܡܘܬܗ ܕܦܠܓܘܬܐ: ܐܝܟ ܕܒܬܡܝܡܘܬܐ. ܟܕ ܐܘܣܦ ܗܟܢ. ܘܬܪܝܨܘܬܐ ܥܒܕܐ ܒܚܘܕܝܬܐ. ܘܬܘܒ ܒܥܠܡܐ ܕܐܣܪܐܝܠ ܡܢ ܠܐ ܢܬܩܘܡܘܬܐ ܕܠܟܘܢ. ܟܕ ܐܡܪ ܐܢܐ ܠܟܠܢܫ ܕܒܥܐ ܕܠܝ: ܘܐܦ ܢܗܘܘܢ ܫ̈ܠܡܝܢ ܡܢ ܐܘܪܚܐ ܕܒܕܡܐ ܠܡܫܟܢܐ: ܘܐܦ ܢܗܘܘܢ ܕܢܬܪ ܣܘܟܝܢ ܡܢ ܬܘܠܬܐ: ܘܕܢܬܪ ܐܘܒܕܢܝܢ ܡܢ ܣܘܦܐ: ܘܬܬܦܢܘܢ ܠܬܘܢ ܡܢ ܟܠܗ ܢܦܫܐ: ܘܬܐܡܪܘܢ ܐܝܟܢ: ܐܟܢܝܟܘܢ ܐܝܟ ܕܠܒܥܐ ܘܕܝܫܐ. ܀ ܘܒܕܘܒܬܐ ܐܚܪܬܐ ܗܒܝܐ ܐܡܪ. ܣܒܘ ܕܟܠܐ ܗܘܘ. ܐܪܝܟܘ ܒܢܝܫܬܐ ܡܢ ܬܫܥܝܬܟܘܢ. ܘܕܡ ܚ̈ܕܝ ܢܦܫܐ ܡܢ ܒܢܝܫܬܟܘܢ. ܘܠܟܘ ܥܦܪ ܠܓܒܪܐ. ܓܘܒܐ ܕܒܝܐ. ܦܢܘ ܠܗܘܢ ܕܡܬܓܒܠ. ܕܘܢܘ ܠܢܬܡܐ. ܘܓܒܘ ܠܐܪܟܠܬܢ. ܘܬܘ ܢܬܠܠ ܚܡ ܚܙ̈ܕܐ ܐܡܪ ܡܢܪܐ. ܘܐܦ ܢܗܘܘܢ ܫ̈ܠܡܝܢ ܐܝܟ ܣܘܡܡܝ. ܐܝܟ ܬܠܓܐ ܐܣܘܪ. ܐܦ ܕܝܢ ܢܗܘܘܢ ܐܝܟ ܚܘܪܬܝ. ܐܝܟ ܒܡܪܐ ܐܣܘܪ. ܘܐܦ ܬܓܪܒܘܢ ܘܬܫܬܡܠܝܢ: ܬ̈ܠܬܐ ܕܐܪܒܥܐ ܬܐܓܠܘܢ. ܘܐܦ ܕܝܢ ܠܐ ܬܓܪܒܘܢ: ܐܟܠܐ ܬܫܬܡܠܝܢ. ܣܦܩܐ ܢܬܟܠܡܘܢ ܦܘܡܗ ܕܡܪܝܐ ܡܠܠ ܗܠܝܢ. ܀ ܠܟܠܗܘܢ ܗܟܝܠ ܫ̈ܒܝܚܐ ܕܠܗ ܟܕ ܢܓܒܐ ܕܢܫܬܘܬܦܘܢ ܒܬܫܒܘܬܐ. ܦܬܚܝܢ ܐܢܘܢ ܒܓܒܝܐ

[IX.] ܕܠܗ ܐܣܪ ܟܠܐ. ܡܛܠ ܗܕܐ. ܢܓܒܐ ܠܬܪܥܝܬܗ ܡܥܡܠܬܐ ܘܪ̈ܘܚܬ. ܦܐܝܘܬܐ. ܘܟܕ ܡܬܬ̈ܦܢܝܐ ܗ̈ܘܝܢ ܠܬ̈ܒܥܘܗܝ ܘܠܡܫܡܫܢܘܬܗ. ܢܗܓܘܕ ܘܢܬܦܢܐ ܠܘܬ ܬ̈ܒܥܐ ܕܠܗ. ܟܕ ܢܬܡܝܢ ܗܪܘܦܬ ܒܟܠܐ ܘܣܪܝܩ.

16 Cod. ܣܘܪܝܬܐ.

ܘܦܝܣܐ ܗܘ ܕܠܡܫܘܬܐ ܩܘܒܠ. ܢܬܩܒܠܐ ܒܚܘܒܗܘܢ ܡܫܡܠܝܐ ܕܢܦܩܘܢ ܠܬܫܒܘܚܬܐ ܕܠܗ ܪܒܬ ܦܐܝܘܬܐ. ܢܣܒ ܠܚܝܘܟ: ܗܘ ܕܒܗ ܒܡܫܬܡܠܝܢܘܬܐ ܐܫܬܟܚ ܕܢܣܒܐ: ܐܫܬܟܚ: ܘܠܐ ܡܫܬܟܚ ܡܘܬܗ. ܢܘܚ ܕܝܢ ܡܗܝܡܢܐ ܐܫܬܟܚ ܒܝܕ ܬܫܡܫܬܗ: ܗܘܝܐ ܕܡܢ ܕܪܝܫ ܐܦܢܝ ܠܟܠܗܝܢ. ܘܫܘܒ ܡܢܐ ܕܟܠ ܒܐܝ̈ܕܘܗܝ: ܠܚܝܘܬܐ ܗܠܝܢ ܕܓ̈ܠܝܢ ܒܗܝܡܢܘܬܐ ܠܡܗܝܡܢܘܬܐ. ܡܢܝܢܐ ܕܝܢ ܒܫܒܥܐ

[X.] ܕܟܝ. ܕܒܬܪ ܡܒܘܥܬܐ. ܐܒܪܗܡ ܕܝܢ ܪ̈ܚܡܐ ܐܫܬܟܚ. ܡܗܝܡܢܐ ܐܫܬܟܚ: ܕܝܢ ܗܘܐ ܡܫܬܡܠܝܢܐ ܠܟܠܗܐ ܕܐܠܗܐ. ܗܢܐ ܒܝܕ ܡܫܬܡܠܝܢܘܬܐ ܢܦܩ ܡܢ ܐܪܥܗ ܘܡܢ ܛܘܗܡܗ ܘܡܢ ܒܝܬܐ ܕܐܒܘܗܝ. ܐܝܟܢܐ ܕܒܗ ܐܪܥܐ ܕܒܘܪܬܐ ܢܒܥ: ܘܡܩܘܝܬ ܒܢܫܐ ܡܢܝܠܬܐ ܘܕܝܬܐ ܕܒܘܪܟ. ܢܐܪܬ ܡ̈ܘܠܟܢܐ ܕܐܠܗܐ. ܐܡܪ ܠܗ ܓܝܪ. ܕܠ ܡܢ ܐܪܥܟ ܘܡܢ ܛܘܗܡܟ ܘܡܢ ܒܝܬ ܐܒܘܟ: ܠܐܪܥܐ ܗܝ ܕܐܚܘܐ ܠܟ. ܘܐܥܒܕܟ ܠܥܡܐ ܪܒܐ. ܘܐܒܪܟܟ ܘܐܘܪܒ ܫܡܟ. ܘܬܗܘܐ ܡܒܪܟ. ܘܐܒܪܟ ܠܡܢ ܕܡܒܪܟ ܠܟ: ܘܐܠܘܛ ܠܡܢ ܕܠܐܛ ܠܟ. ܘܢܬܒܪܟܘܢ ܒܟ ܟܠܗܘܢ ܫܪ̈ܒܬܐ ܕܐܪܥܐ. ܘܢܦܩ ܕܝܢ ܓܝܪ ܡܢ ܠܘܬ ܐܡܪ ܠܗ ܐܠܗܐ. ܚܘܪ ܒܚ̈ܝܠܝܟ ܘܚܙܝ ܡܢ ܕܒܟܠܗ ܗܝ ܕܐܚܝܢܟ ܒܗ ܗܫܐ: ܠܘܬ ܓܪܒܝܐ ܘܠܘܬ ܬܝܡܢܐ ܘܠܡܕܢܚܐ ܘܠܡܥܪܒܐ. ܡܛܠ ܕܟܠܗ̇ ܐܪܥܐ ܗܝ ܕܐܢܬ ܚܙܐ ܐܢܬ. ܠܟ ܐܬܠܝܗ̇ ܘܠܙܪܥܟ ܒܬܪܟ ܠܥܠܡ. ܘܐܥܒܕܗ ܠܙܪܥܟ ܐܝܟ ܚܠܐ ܕܐܪܥܐ. ܐܢ ܡܫܟܚ ܐܢܫ ܠܡܡܢܐ ܚܠܐ ܕܐܪܥܐ. ܘܐܦ ܙܪܥܟ ܢܬܡܢܐ. ܘܬܘܒ ܐܡܪ ܐܦܩܗ ܕܝܢ ܠܒܪ ܐܠܗܐ

22 Cod. ܡܟܠܗ?.

ܠܐܒܪܗܡ. ܘܐܡܪ ܠܗ. ܚܙܝ ܒܫܡܝܐ ܘܡܢܝ ܟܘܟܒܐ ܕܫܡܝܐ ܐܢ ܡܫܟܚ. ܐܝܟ ܠܡܢܝܢܐ ܐܢܘܢ. ܗܟܢܐ ܢܗܘܐ ܙܪܥܟ. ܗܝܡܢ ܕܝܢ ܐܒܪܗܡ ܠܐܠܗܐ. ܘܐܬܚܫܒܬ ܠܗ ܠܙܕܝܩܘܬܐ.. ܡܛܠ ܗܝܡܢܘܬܗ ܘܪܚܡܬ ܐܟܣܢܝܘܬܗ ܐܬܝܗܒ ܠܗ ܒܪܐ ܒܣܝܒܘܬܐ. ܘܒܝܕ ܡܫܬܡܥܢܘܬܗ. ܦܪܩܗ ܕܢܬܝܗܒ ܠܐܠܗܐ: ܥܠ ܚܕ ܡܢ ܛܘܪܐ ܗܠܝܢ ܕܐܚܘܝ ܠܗ. ܀

[XI.] ܡܛܠ ܪܚܡܬ ܐܟܣܢܝܘܬܐ ܘܫܦܝܪܘܬ ܕܠܘܛ. ܠܘܛ ܐܫܬܘܙܒ ܡܢ ܣܕܘܡ. ܟܕ ܟܠܗ ܐܬܪܐ ܕܦܢܛܦܘܠܝܣ ܐܬܘܩܕ ܒܢܘܪܐ ܘܒܟܒܪܝܬܐ. ܠܐܢܬܬܗ ܕܝܢ ܠܡܚܙܐ ܡܢܐ ܕܚܠ. ܕܠܒܣܬܪܗ ܕܡܗܦܟܝܢ ܒܬܪܗ ܠܐ ܫܒܩ. ܠܒܣܬܪܗ ܕܝܢ ܕܐܬܗܦܟܬ ܬܫܦܠܢܐ ܡܢܗ ܠܡܠܚܐ ܐܚܪܝܐ. ܒܝܕܝܐ ܘܒܬܫܡܫܬܐ ܗܘܐ. ܟܕ ܓܝܪ ܐܚܫܒܐ ܢܦܩܬ ܒܬܪܗ ܐܢܬܬܗ. ܟܕ ܐܚܪܬ ܗܦܟܬܐ ܐܬܬܢܝܚ ܗܘܬ ܘܠܘ ܒܩܘܫܛ ܗܦܟܬܐ: ܒܡܕܐ ܐܬܐ ܐܬܬܦܝܫܬ: ܐܝܟܢܐ ܕܦܢܝܬܐ ܕܡܠܝܚܐ ܗܘܬ ܒܬܟܐ ܠܒܘܫܐ ܗܢܐ. ܐܝܟܢܐ ܕܡܬܒܥܝܐ ܗܘܬ ܠܟܠܢܫ. ܕܐܝܠܝܢ ܕܐܬܪܥܝܘ ܗܪܟܐ ܢܦܫܐ ܘܕܡܬܦܫܪܝܢ ܡܛܠ ܚܝܠܐ ܕܐܠܗܐ. ܠܕܝܢܐ ܘܠܐܬܐ ܠܟܠܗܘܢ ܫܪܟܬܐ ܗܘܘ. ܀

[XII.] ܡܛܠ ܗܝܡܢܘܬܐ ܘܡܛܠ ܪܚܡܬ ܐܟܣܢܝܘܬܐ ܐܬܦܪܩ ܠܘܛ: ܗܘ ܕܡܬܐܡܪܐ ܕܚܠܬܐ. ܟܕ ܓܝܪ ܐܫܬܪܝܘ ܡܢ ܥܒܕ ܒܢܝܗܘܢ ܕܥܘܠܐ ܠܐܢܫܝܗܘܢ: ܒܝܕ ܩܛܠܐ ܕܐܡܪܐ ܗܘܝ. ܕܠܡܚܒ ܠܐܬܪܐ ܕܠܗܘܢ ܐܬܩܒܠ ܗܘܘ. ܘܫܕܪ ܠܒܪܐ ܕܢܚܘܙܘܢ ܐܢܘܢ. ܐܝܟܢܐ ܕܟܕ ܡܬܠܒܒܝܢ ܢܥܒܕܘܢ. ܙܢܝܘܬܐ ܐܚܫܘܢܐ ܗܟܝܠ ܙܒܢ ܟܕ ܡܕܝܢܬܐ ܐܢܘܢ: ܠܐܢܫܐ ܐܢܘܢ ܒܟܠܗܝܢ ܦܘܪܥܢܐ ܩܫܝܐ ܕܟܬܒܐ. ܟܕ ܕܝܢ ܡܢܗ

9 Col. ܘܡܬܪܥܝܢ.

ܥܠܝܗ̇ ܗ̇ܢܘܢ ܕܐܫܬܕܪܘ ܡܢ ܡ̇ܠܟܐ ܘܐܡ̈ܪܝܢ ܠܗ̇: ܠܘܬܟܝ ܥܠܘ ܗ̇ܢܘܢ ܓ̈ܫܘܫܐ ܕܐܪܥܐ ܕܝܠܢ: ܐܦܩܝ ܐܢܘܢ: ܡ̇ܠܟܐ ܓܝܪ ܗܟܢܐ ܦ̇ܩܕ. ܗ̇ܝ ܕܝܢ ܦ̇ܢܝܬ. ܕܥܠܘ ܡܢ ܓܒ̈ܪܐ ܗ̇ܢܘܢ ܕܒܥܝܢ ܐܢܬܘܢ ܠܘܬܝ. ܐܠܐ ܡܚܕܐ ܢܦܩܘ ܘܐܙܠܘ ܒܐܘܪܚܐ ܕܝܠܗܘܢ. ܟܕ ܡܚܘܝܐ ܗܘܬ ܠܗܘܢ ܡܚܠܦܐܝܬ. ܘܐܡ̇ܪܬ ܠܘܬ ܓܒ̈ܪܐ. ܡ̇ܕܥ ܝ̇ܕܥܐ ܐܢܐ ܐܢܐ. ܕܡܪܝܐ ܐܠܗܟܘܢ. ܡ̇ܫܠܡܘ ܡܫܠܡ ܠܗ̇ ܠܟܘܢ ܠܐܪܥܐ ܗܕܐ. ܐܪܬܝܬܐ ܓܝܪ ܘܕܚܠܬܐ ܕܝܠܟܘܢ: ܢܦܠܐ ܥܠ ܗ̇ܢܘܢ ܕܥ̇ܡܪܝܢ ܒܗ̇. ܐܡܬܝ ܕܐ̈ܢ ܗܟܝܠ ܬܗܘܐ ܕܬܟܒܫܘܢܗ̇ ܠܐܪܥܐ. ܬܚܝܘܢܢܝ ܘܠܒܝܬܐ ܕܐܒܐ ܕܝܠܝ. ܘܐܡ̇ܪܘ ܠܗ̇. ܬܗܘܐ ܗܟܢܐ. ܐܡܬܝ ܕܫ̈ܠܠܬܝ ܠܢ. ܐ̈ܢ ܗܟܝܠ ܬ̇ܕܥܝܢ ܕܐܬܝܢܢ: ܬܟܢܫܝܢ ܟܠܗܘܢ ܗܠܝܢ ܕܝܠܟܝ ܠܬܚܝܬ ܡܛܠܠܐ ܕܒܝܬܟܝ ܘܢܬܦܪܩܘܢ. ܘܟܠܗܘܢ ܗ̇ܢܘܢ ܕܢܫܬܟܚܘܢ ܠܒܪ ܡܢ ܒܝܬܟܝ ܢܐܒܕܘܢ. ܘܐܘܣܦܘ ܠܡܬܠ ܠܗ̇ ܐܬܐ. ܐܝܟܢܐ ܕܬܬܠܐ ܡܢ ܒܝܬܗ̇ ܠܒܪ ܚܘܛܐ ܕܙܚܘܪܝܬܐ. ܟܕ ܡܩܕܡܚܘܝܬܐ ܚܒ̈ܝܒܝ. ܕܒܝܕ ܕܡܐ ܕܡܫܝܚܐ: ܢܗܘܐ ܦܘܪܩܢܐ ܠܟܠܗܘܢ ܗ̇ܢܘܢ ܕܡܗܝܡܢܝܢ ܒܐܠܗܐ. ܀ ܚ̇ܙܝܢ ܐܢܬܘܢ ܚܒ̈ܝܒܝ: ܕܠܐ ܒܠܚܘܕ ܗܝܡܢܘܬܐ: ܐܠܐ ܐܦ ܢܒܝܘܬܐ ܗܘܬ ܒܗ̇ ܒܐܢܬܬܐ ܗ̇ܝ.

[XIII.] ܢܬܪܟܢ ܗܟܝܠ ܡܟ̈ܝܟܘܬܐ ܐܚ̈ܝ. ܟܕ ܡܫܕܝܢܢ ܡܢܢ: ܟܠܗ̇ ܡܫܬܥܠܝܢܘܬܐ ܘܫܒܗܪܘܬܐ. ܘܫܦܝܪܘܬ ܙܥܝܐ ܘܪܘܓܙܐ. ܘܢܥܒܕ ܗ̇ܝ ܕܟܬܝܒܐ. ܀ ܐܡ̇ܪ ܓܝܪ ܪܘܚܐ ܩܕܝܫܐ. ܠܐ ܢܫܬܒܗܪ ܚܟܝܡܐ ܒܚܟܡܬܗ. ܐܦ ܠܐ ܚܝܠܬܢܐ ܒܚܝܠܗ. ܐܦ ܠܐ ܥܬܝܪܐ ܒܥܘܬܪܗ. ܐܠܐ ܗܘ ܕܡܫܬܒܗܪ ܒܡܪܝܐ ܢܫܬܒܗܪ.

16 Cod. ܙܚܘܪܝܬ̈ܐ.

ܠܓܒܝܫܘ ܘܠܡܚܒܒܝ ܕܫܝܢܐ ܘܙܕܝܩܘܬܐ. ܡܬܪܐܝܬ ܕܝܢ ܚܣܕܝܢ ܠܟܠܗ ܕܒܝܬ ܡܫܒܚ: ܗܠܝܢ ܕܡܠܠ ܒܗ ܡܠܦ ܢܫܘܬܐ ܘܦܓܪܘܬ ܢܘܣܐ. ܗܟܢܐ ܓܝܪ ܐܡܪܝܢ: ܙܒܢܝ ܐܝܟܢܐ ܕܫܡܫܘ ܠܒܟܘܢ ܙܢܝܬܐ. ܢܫܡܫܘܢ ܐܝܟܢܐ ܕܢܫܬܥܒܕܘܢ ܠܗܘܢ. ܐܝܟܢܐ ܕܥܒܕܝܢ ܐܢܬܘܢ: ܗܟܢܐ ܢܬܥܒܕ ܠܗܘܢ. ܐܝܟܢܐ ܕܡܫܡܫܝܢ ܐܢܬܘܢ: ܗܟܢܐ ܢܫܬܡܫ ܠܗܘܢ. ܐܝܟܢܐ ܕܕܚܠܝܢ ܐܢܬܘܢ: ܗܟܢܐ ܬܬܕܚܠܘܢ. ܐܝܟܢܐ ܕܡܚܒܝܢ ܐܢܬܘܢ ܒܫܡܫܘܬܐ. ܗܟܢܐ ܬܬܫܒܚܘܢ ܠܗܘܢ. ܒܡܠܬܐ ܗܝ ܕܡܫܠܡܝܢ ܐܢܬܘܢ: ܒܗ ܬܫܬܠܡ ܠܗܘܢ... ܒܗܢܐ ܦܘܪܥܢܐ ܘܒܗܠܝܢ ܦܘܪܥܢܐ ܢܙܪ ܢܦܫ. ܠܘܬ ܗܝ ܕܗܠܝܢ ܒܗ ܐܢܫܝܢ ܡܫܬܡܥܢܐ ܠܟܠܗ ܕܠܝܗ ܦܐܝܬ ܠܫܪܫܐ. ܒܗ ܡܫܡܥܬܐ ܡܬܪܥܝܢ. ܐܡܪܐ ܓܝܪ ܡܠܬܐ ܡܫܬܡܥܬܐ. ܕܒܗ ܐܢܫܘܪ: ܐܠܐ ܐܢ ܒܒܝܫܐ ܘܦܠܝܐ

[XIV.] ܘܕܪܓܠ ܡܢ ܟܠܗ ܕܠܝ. ܕܒܐܝܢܐ ܗܟܝܠ ܐܝܬܝܗ ܘܐܠܗܘܬܐ: ܐܘ ܒܪܐ ܐܢܫܐ. ܕܡܫܬܡܥܢܐ ܟܠܗ ܠܐܠܗܐ ܢܗܘܐ. ܐܦ ܠܗܢܘܢ ܕܐܝܬܝܗܘܢ ܙܪܥܐ ܦܠܚܐ ܡܫܡܥܬܐ ܒܡܫܡܠܝܘܬܐ ܘܒܠܠܘܬܐ ܠܓܡܦ. ܫܦܝܪܐ ܓܝܪ ܠܗ ܐܢܫܐ ܕܗܘ ܢܫܒܘܩ: ܡܠܟܐ ܕܡܢ ܡܫܪܘܢܘܣ ܙܒܢܐ: ܐܢܫܘ ܕܒܗ ܥܕܡܐ ܠܦܫ ܒܡܫܪܘܢܘܣ ܗܘܠ ܣܡ ܠܝ ܠܪܘܚܢܐ ܕܩܕܝܫܐ: ܗܠܝܢ ܒܢܬ ܕܢܦܩܝܢ ܠܝ ܠܘܬ ܣܘܪܝܐ ܘܡܥܠܡܢܐ: ܠܘܬ ܗܝ ܕܢܚܙܘܢ ܠܝ ܡܢ ܗܝ ܕܒܥܝܪ ܐܢܬ ܠܗ. ܢܗܘܐ ܒܦܩܕܢܐ ܠܘܬ ܢܦܫ. ܐܝܟ ܫܘܫܛܘܬܐ ܘܫܠܝܘܬܐ ܕܗܘ ܕܒܓܪ ܠܝ. ܒܬܪ ܓܝܪ. ܕܒܦܩܕܢܐ ܢܗܘܘܢ ܚܕܪܐ ܕܐܪܒܥܐ. ܬܬܚܒܒ ܕܝܢ ܢܬܚܪܘܢ ܒܠܒܗ. ܘܬܘܒ ܐܡܪܝܢ. ܐܚܪܬ ܢܟܪܝܐ ܕܡܬܬܪܝܨ ܘܡܫܬܘܐ. ܐܝܟ ܐܘܪܐ ܕܠܒܝܢ. ܘܚܒܪܬ. ܘܗܐ ܠܬܘܒܗܝ ܗܘܐ. ܘܚܒܝܒܗ ܘܠܐ ܐܫܬܒܩܬ ܕܒܬܗ. ܦܪ ܬܫܡܫܬܐ ܘܚܝܝ ܬܪܥܘܬܐ. ܡܛܠ ܕܐܝܬ ܫܪܒܢܐ

[XV.] ܠܒܪܢܫܐ ܡܫܝܚܐ. ܀ ܢܦܩ ܗܟܝܠ ܠܘܬܗܘܢ ܕܡܫܝܚܝܢ ܒܗ ܥܢܘܝܘܬ ܕܫܠܝܬܐ. ܘܠܐ ܠܘܬܗܘܢ ܕܒܗ ܡܫܡܫ ܟܗ̈ܢܐ ܘܡܕܝܢܘܬܐ ܙܕܩܝܢ ܒܡܫܝܚܐ. ܐܡܪ ܓܝܪ ܒܕܘܝܕ. ܗܢܐ ܒܡܟܝ ܒܦ̈ܩܘܕܝܗ ܕܡܫܝܚ ܠܢ.. ܠܒܗܘܢ ܕܝܢ. ܠܪܘܫܡܐ ܪܫܝܡ ܡܫܚ. ܘܬܘܒ. ܒܦܘܡܗܘܢ ܕܡܒܪܟܝܢ ܗܘܘ. ܘܒܠܒܗܘܢ ܠܝܛܝܢ ܗܘܘ. ܘܬܘܒ ܐܡܪ. ܪܓܝܘܗܝ ܒܦܘܡܗܘܢ. ܘܒܠܫܢܗܘܢ ܕܓܠܘ ܒܗ. ܠܒܗܘܢ ܕܝܢ ܠܐ ܬܪܝܨ ܗܘܐ ܥܡܗ. ܘܐܦܠܐ ܐܫܬܪܪܘ ܒܩܝܡܗ. ܡܛܠ ܗܢܐ ܫ̈ܬܩܬܐ ܢܗܘ̈ܝܢ ܣ̈ܦܘܬܐ ܢܟ̈ܠܬܐ: ܗܠܝܢ ܕܡܡ̈ܠܠܢ ܥܠ ܙܕܝܩܐ ܒܥܘܠܬܐ. ܘܬܘܒ. ܢܣܘܦ ܡܪܝܐ ܟܠܗܝܢ ܣ̈ܦܘܬܐ ܢܟ̈ܠܬܐ. ܠܫܢܐ ܪܒ ܡ̈ܠܐ: ܗܢܘܢ ܕܐܡܪܘ ܠܫܢܢ ܢܪܒ: ܣ̈ܦܘܬܐ ܕܝܠܢ ܥܡܢ ܐܝܬܝܗܝܢ ܡܢܘ ܡܪܢ. ܡܛܠ ܕܒܘܙܬܐ ܕܡ̈ܣܟܢܐ ܘܬܐܢܚܬܐ ܕܒ̈ܝܫܐ. ܗܫܐ ܐܩܘܡ ܐܡܪ ܡܪܝܐ. ܐܣܝܡ ܒܦܘܪܩܢܐ. ܐܡܠܠ ܒܦܪܪܗܣܝܐ ܒܗ. ܦܪܝܫܐ ܕܝܢ ܒܥܒܪܐ ܕܠܐ ܕܟܪ ܡܒܪܟܬܐ. ܕܡܢܗܘܢ ܝܚ

[XVI.] ܓܝܪ ܕܡ̈ܫܡܫܢܘܬܐ ܡܬܪܚܩܝܢ ܐܢܘܢ ܡܫܝܚܝ̈. ܘܠܐ ܕܡܢܗܘܢ ܕܡܬܬܪ̈ܚܩܝܢ. ܒܠ ܡ̈ܪܚܩܬܐ ܕܠܗ ܥܒܕܐ ܕܐܠܗܐ. ܡܢܗܘܢ ܥܘܒ ܡܫܝܚܝ̈. ܠܐ ܐܝܬܐ ܒܢܦܫܘܬܐ ܕܡܫܠܡܘܬܐ: ܘܐܦܠܐ ܕܥܒܕܘܬܐ. ܘܒܗ ܝܠܕ ܚ̈ܝܝܐ ܗܘܐ ܚܠܝܐ. ܐܠܐ ܒܡܫܝܚܘܬ ܬܪܝܢܘܬܐ ܐܝܬܝ. ܐܝܟܢܐ ܕܪܘܚܐ ܡܕܝܢܐ ܒܠܗܘܢ ܡܠܠ. ܐܡܪ ܓܝܪ. ܡܪܝܐ ܢܒܝܐ ܗܘܝܘ ܠܥܒܕܝܗ. ܘܕܪܫܗ ܕܡܪܝܐ ܠܢܒܝܘ ܐܬܓܠܝ.. ܐܘܕܥܢ ܡܕܡܕܡ. ܐܝܟ ܠܘܕܐ. ܐܝܟ ܒܡܦܪ ܒܐܘܪܚܐ ܙܝܘܬܐ. ܠܐ ܐܢܬ ܠܗ ܚܙܝ ܘܐܦܠܐ ܫܒܘܩܐ. ܘܣܓܝܐܝܢ ܘܠܝܬ ܗܘܐ ܠܗ ܚܙܝ ܘܐܦܠܐ ܫܒܘܩܐ. ܐܠܐ ܚܙܝ ܗܘܐ ܕܠܗ ܫܟܝܢ. ܕܒܝܢ

22 ܐܘܕܥܢ] Cod. ܡܕܥܝ ܘܒܕ.

ܗܘܐ ܡܢ ܟܠܗܘܢ ܒܢܝ̈ܢܫܐ. ܒܪܢܫܐ ܕܒܡܫܘܚܬܐ ܐܝܬܘܗܝ ܘܒܡܐܟܠܬ̇ܐ. ܘܕܪܕܒ ܒܓܠܝܢ ܒܗܘܢܝܐ. ܡܛܠ ܕܡܫܟܚ ܦܪ̈ܘܩܗ. ܐܬܬܥܝܩ ܘܠܐ ܐܬܒܥܒ. ܗܢܐ ܬܘܠܡܝܢ ܥܒܠ: ܘܡܛܠܬܗ ܡܬܕܘܐ. ܘܡܢ ܡܫܒܚܝܢ ܕܐܝܬܘܗܝ ܒܒܐܟܐ· ܘܒܡܫܘܚܬ̇ܐ ܘܒܡܘܦܣܐ. ܗܘ ܕܝܢ ܐܬܬܥܝܠ ܡܛܠ ܠܐ ܢܬܗܘܘܬܐ ܕܝܠܝ. ܘܐܬܒܪܗ ܡܛܠ ܬܘܠܡܐ ܕܝܠܝ. ܡܬܪܕܘܬܐ ܕܥܢܝܐ ܕܝܠܝ ܟܠܗܘܢ. ܒܡܕܪܬܐ ܕܝܠܗ ܥܡ ܐܬܐܩܢܝ. ܟܠܝ. ܐܡܝܢ ܒܢܐ ܠܓܢܝ. ܒܪܢܫ̇ܐ ܒܐܘܪܚܐ ܕܝܠܗ ܠܓܒܐ. ܘܡܪܕܐ ܐܥܠܡܗ ܒܬܘܠܡܐ ܕܝܠܝ. ܘܗܘ ܡܛܠ ܗܘ ܕܐܬܘܦܣ: ܠܐ ܦܬܟ ܦܘܡܟܐ. ܐܡܝܢ ܓܪܒܐ ܠܒܡܘܬܐ ܐܬܬܥܝܬܘ. ܘܐܡܝܢ ܐܓܪܐ ܡܢܡ ܚܢܘܪܐ ܕܠܐ ܩܠܝ. ܗܒܢܐ ܠܐ ܦܬܝܢ. ܦܘܡܗ ܒܡܘܒܒܗ. ܕܝܢܐ ܕܝܠܗ ܐܬܬܪܝܡ. ܘܕܪܐ ܕܝܠܗ ܓܢܘ ܢܬܟܢܐ: ܕܡܬܬܪܝܡܝܢ ܬܢܘܗܝ ܡܢ ܐܪܒܐ. ܡܢ ܠܐ ܢܬܗܘܘܬܐ ܕܒܟܐ ܕܝܠܝ: ܐܬܬܥܝܬܘ ܠܡܘܬܐ. ܘܐܬܝܠ ܬܒܥܐ ܥܠܝ ܡܒܘܪܬܗ: ܘܒܬܪܐ ܥܠܝ ܡܘܬܗ. ܡܛܠ ܕܒܥܠܝ ܠܐ ܒܓܕ. ܘܐܦܠܐ ܐܫܬܒܩ ܢܛܠܐ ܒܦܘܡܗ. ܘܡܪܝܐ ܢܓܒܐ ܕܢܕܒܩܘܗܝ ܡܢ ܡܫܘܚܬܐ. ܐܝܟ ܬܬܠܘܢ ܡܛܠ ܬܘܠܡܝ. ܢܦܫܐ ܕܝܠܗܘܢ ܬܫܝܐ ܘܪܒܐ ܐܪܝܢ ܚܢܐ. ܘܢܓܒܐ ܡܪܘܐ ܕܢܘܡ ܐܦ ܒܐܒܐ ܡܢ ܢܦܫܗ. ܠܡܫܘܘ ܠܗ ܢܘܗܪܝ. ܘܠܡܓܒܠ ܒܡܘܒܠܐ. ܠܡܪܕܘ ܠܕܝܢܐ ܕܥܦܪ ܡܬܟܒܕ ܠܦܓܥܐ. ܘܬܘܠܡܐ ܕܝܠܗܘܢ ܗܘ ܥܒܕ. ܡܛܠ ܗܕܐ ܗܘ ܢܐܪܬ ܦܓܥܐ. ܘܐܦ ܕܫܠܬܢܐ ܢܦܠ ܓܪܬܐ. ܥܠܝ ܕܐܫܬܠܡܬ ܠܡܘܬܐ ܢܦܫܗ: ܘܒܬܠܐ ܐܬܒܥܒ: ܘܗܘ ܬܘܠܡܐ ܕܦܓܥܐ ܐܝܟܢ: ܘܡܛܠ ܬܘܠܡܝܗܘܢ ܐܫܬܠܡ... ܘܬܘܒ ܗܘ ܐܡܪ: ܐܝܢܐ ܕܝܢ ܐܢܫ. ܛܘܠܒܐ ܘܠܐ ܒܪܢܫܐ. ܚܫܘܒܐ ܕܒܢܝ̈ܢܫܐ ܘܡܘܠܐܝܐ ܕܒܡܟܐ. ܟܠܗܘܢ ܫܪܘ ܕܢܝܡ ܗܘܘ ܠܝ ܡܫܘܘ ܒܗ.

ܡܠܠܐ ܒܦܦܘܬܐ ܐܝܟ ܕܝܢܐ. ܦܩܕ ܒܡܫܪܝܬܐ ܢܦܩܘܗܝ.
ܠܡܘܒܠܗܘܢ ܐܝܟ ܢܟܐ ܒܗ. ܡܛܠ ܕܚܙܐ ܒܚܠܡܐ ܕܠܗ ܝܚ
ܕܒܬܪ ܡܝܬܘܬܐ. ܢܛܪ ܐܢܘܢ ܠܒܢܝܗ ܢܣܝܒܝܢ: ܕܐܝܪܝܐ
ܕܡܘܬܐ ܐܬܝܗܒܬ ܠܝ. ܐܝܟܢ ܡܢ ܗܝܠܐ ܡܕܝܢܬܐ
ܐܬܪܟܢ. ܡܛܠܐ ܠܟܒܕ ܫܠܡ: ܢܒܘ ܕܐܬܝܠܕܬ ܠܢܪܐ
[XVII.] ܕܠܡܒܬܘܗ ܒܐܝܬܘܗܝ ܐܬܝܢ. ܡܕܒܚܐ ܢܗܘܐ ܐܦ
ܕܢܒܘ: ܕܗܠܝܢ ܒܗܝ ܕܒܡܫܠܡܢܐ ܕܟܪܐ ܘܒܦܪܘܬܐ ܗܠܟܘ:
ܒܕ ܡܟܪܙܝܢ ܡܐܬܘܬܗ ܕܡܫܝܚܐ: ܐܟܪܙܝܢ ܕܝܢ ܐܠܗܐ
ܘܐܠܗܝܢ: ܗܘܒ ܕܝܢ ܫܘܡܐܝܠ: ܢܒܝܐ. ܒܗ ܗܠܝܢ ܕܝܢ.
ܐܦ ܢܒܘ ܕܐܣܦܛܘܗܝ. ܐܣܦܛܘܣ ܘܪܒܐܝܬ ܐܒܘܗܝ.
ܘܢܣܒܐ ܐܝܬܘܗܝ ܕܐܠܗܐ. ܘܐܡܪ ܒܕ ܡܬܘܪܐ
ܬܡܝܗܬܐ. ܐܢܫܐ ܫܦܝܪܐ ܕܐܠܗܐ: ܐܢܐ ܕܝܢ ܐܢܬܝ
ܒܦܪܐ ܘܦܓܪܐ. ܗܘܒ ܕܝܢ ܐܦ ܡܛܠ ܐܝܟܢ. ܡܛܠܐ
ܬܘܒ. ܐܝܟܢ ܕܝܢ ܐܝܬܘܗܝ ܗܘܐ ܕܝܘܡܐ. ܕܠܐ ܒܗܠܝܢ.
ܫܪܪܐ. ܕܝܠ ܐܠܗܐ. ܡܬܪܥܝܢ ܡܢ ܟܠ ܗܘܒܢܐ
ܒܫܡܐ. ܐܠܐ ܒܕ ܗܘ ܟܠ ܢܦܫܗ ܡܛܠܠ ܐܡܪ: ܕܗܠܐ
ܐܝܟ ܕܒܝܬܐ ܡܢ ܐܬܬܐ. ܘܐܦܠܐ ܐܢ ܕܗܘܝܐ ܚܕ ܢܗܘܘܢ
ܚܘܗܝ. ܡܛܘܫܬܐ ܡܗܝܡܢܐ ܒܟܠܗ ܒܝܬܗ ܐܬܩܪܝ.
ܘܒܝܕ ܡܫܬܡܠܝܘܬܗ. ܕܐܢ ܐܠܗܐ ܠܡܪܝܡ ܒܕ ܚܫܘܬܐ
ܘܬܫܒܘܚܬܐ ܕܠܗܘܢ. ܐܠܐ ܐܦ ܗܘ ܒܕ ܐܫܬܒܚ
ܘܪܒܐܝܬ. ܠܐ ܡܛܠ ܪܘܒܬܐ. ܐܠܐ ܐܡܪ: ܒܕ ܚܙܐ
ܗܘܝܐ ܠܗܠܝܢ ܡܬܝܗܒ ܗܘܐ ܠܗ: ܡܢ ܐܝܬܝ ܐܢܐ:
ܕܠܐ ܡܫܬܪܐ ܐܢܬ. ܐܢܐ ܕܝܢ ܐܝܬܝ ܡܫܬܠ ܩܠܐ ܘܠܒܝ
ܠܫܡܐ. ܘܬܘܒ ܐܡܪ: ܐܢܐ ܕܝܢ ܐܝܬܝ: ܠܡܠܟܐ ܡܢ
[XVIII.] ܡܪܝܐ. ܡܛܠܐ ܕܝܢ ܠܐܡܪ: ܟܠ ܕܗܘܐ ܗܘ ܕܐܣܦܛܘܗܝ:
ܡܛܠ ܗܘ ܕܐܡܪ ܐܠܗܐ: ܕܐܫܬܘܕܥ ܠܒܪܐ ܐܝܟ ܠܒܝ:
ܕܗܘܐ ܒܪ ܐܢܫ: ܒܫܡܝܐ ܕܠܒܠܡ ܡܫܝܚܘܬܗ. ܐܠܐ ܐܦ

ܗ̇ܘ ܐܡ̇ܪ ܠܘܬ ܐܠܗܐ. ܪܚܡ ܥܠܝ ܐܠܗܐ ܐܝܟ ܕܣ̈ܓܝܐܝܢ ܚ̈ܢܢܝܟ. ܘܐܝܟ ܣܘܓܐܐ ܕܪ̈ܚܡܝܟ ܥܛܝ ܠܗ ܠܡܣܟܠܘܬܐ ܕܝܠܝ. ܐܘܣܦ ܐܣܚܝܢܝ ܡܢ ܥܘܠܝ. ܘܡܢ ܚܛܝܬܐ ܕܝܠܝ ܕܟܝܢܝ. ܡܛܠ ܕܠܡܣܟܠܘܬܐ ܕܝܠܝ ܐܢܐ ܝܕܥ ܐܢܐ. ܘܚܛܝܬܐ ܕܝܠܝ. ܩܕܡܝ ܐܝܬܝܗ̇ ܒܟܠܙܒܢ. ܠܟ ܒܠܚܘܕܝܟ ܚܛܝܬ. ܘܒܝܫܬܐ ܩܕܡܝܟ ܥܒܕܬ. ܐܝܟܢܐ ܕܬܙܕܕܩ ܒܡ̈ܠܝܟ ܘܬܙܟܐ ܟܕ ܡܬܕܝܢ ܐܢܬ. ܗܐ ܓܝܪ ܒܥܘܠܐ ܡܬܩܢܘܬܐ ܐܬܒܛܢܬ. ܘܒܚܛܗ̈ܐ ܒܛܢܬ ܐܡܝ. ܗܐ ܓܝܪ ܫܪܪܐ ܪܚܡܬ. ܠܐ ܡܬܚܙܝܢܐ ܘܡܛܫܝܬܐ ܕܚܟܡܬܟ ܐܘܕܥܬܢܝ. ܬܪܣܣ ܥܠܝ ܒܙܘܦܐ ܘܐܬܕܟܐ. ܬܚܠܠܝܢܝ ܘܐܚܘܪ ܡܢ ܬܠܓܐ ܐܬܚܘܪ. ܬܫܡܥܢܝ ܪܘܙܐ ܘܚܕܘܬܐ. ܢܪܘܙܘܢ ܓܪ̈ܡܐ ܡ̈ܟܝܟܐ. ܐܗܦܟ ܐܦ̈ܝܟ ܡܢ ܚܛ̈ܗܝ. ܘܟܠܗܘܢ ܠܡܣܟܠܘܬܐ ܕܝܠܝ ܥܛܝ. ܠܒܐ ܕܟܝܐ ܒܪܝ ܒܝ ܐܠܗܐ. ܘܪܘܚܐ ܬܪܝܨܬܐ ܚܕܬ ܒܓܘܝ. ܘܠܐ ܬܫܕܝܢܝ ܡܢ ܩܕܡ ܦܪ̈ܨܘܦܟ. ܘܪܘܚܟ ܩܕܝܫܐ ܠܐ ܬܫܩܘܠ ܡܢܝ. ܗܒ ܠܝ ܪܘܙܐ ܕܦܘܪܩܢܟ. ܘܒܪܘܚܐ ܪܫܝܬܐ ܣܡܘܟܝܢܝ. ܐܠܦ ܠܥܘ̈ܠܐ ܐܘܪܚܬܟ. ܘܪ̈ܫܝܥܐ ܠܘܬܟ ܢܬܦܢܘܢ. ܦܨܝܢܝ ܡܢ ܕܡ̈ܐ ܐܠܗܐ ܐܠܗܐ ܕܦܘܪܩܢܝ. ܢܫܒܚ ܠܫܢܝ ܙܕܝܩܘܬܟ. ܠܣܦܘܬܐ ܕܝܠܝ ܬܦܬܚ ܡܪܝܐ. ܘܦܘܡܝ ܢܚܘܐ ܬܫܒܘܚܬܟ. ܡܛܠ ܕܐܠܘ ܨܒܝܬ ܕܒܚܬܐ ܝܗܒ ܗܘܝܬ. ܘܒܝܩ̈ܕܐ ܓܡܝܪ̈ܐ ܠܐ ܨܒܐ ܐܢܬ. ܕܒܚܬܐ ܠܐܠܗܐ ܪܘܚܐ ܬܒܝܪܬܐ. ܠܒܐ ܬܒܝܪܐ ܘܡܟܝܟܐ ܐܠܗܐ ܠܐ ܢܫܘܛ.

ܝܛ [XIX.] ܡܢܝܢܐ ܕܝܢ ܒܣܘܓܐܐ ܕܗ̄ܠܝܢ ܕܒܬܪ ܡܣܗܕܘܬܐ. ܡܟܝܟܘܬ ܬܪܥܝܬܐ ܗܟܝܠ ܘܡܟܝܟܘܬܐ ܘܡܫܬܡܥܢܘܬܐ ܕܟܠܗ ܡܫܬܡܥܢܘܬܐ: ܕܝܠܗܘܢ ܕܐܝܟ ܗܠܝܢ ܘܕܟܠܗ ܗܢܐ ܘܕܗܟܢܐ ܗܘܕܡܝܢ. ܠܐ ܗܘܐ ܒܠܚܘܕ ܠܢ: ܐܠܐ ܐܦ ܠܕܪ̈ܐ ܗܠܝܢ ܕܡܢ ܩܕܡܝܢ. ܡܬܝܪܬܐ ܒܚܒܪܬ: ܠܡ̇ܘܢ

ܕܦܠܚܘ ܬ̈ܠܡܘܗܝ. ܕܐܠܗܐ ܒܕܚܠܬܐ ܘܒܫܪܪܐ. ܒܗ ܕܝܢ ܗܟܝܠ ܠܡܗܝܡܢܘܬܐ ܗܠܝܢ ܦ̈ܓܥܬܐ ܘܪ̈ܘܪܒܬܐ ܘܡ̈ܒܣܢܘܬܐ ܐܫܬܘܬܦܘ ܐܝܟ ܫ̈ܒܝܒܐ. ܢܗܘܪ ܡܢܗܪܝܢ ܢܓܗܐ: ܠܘܬ ܢܦܫܐ ܕܢܦܠܐ ܗܘ ܕܗܘ ܫܘܪܝܐ ܐܬܝܗܒ ܠܝ: ܘܢܦܫܪ ܘܢܬܒܣܡ ܒܐܒܐ ܘܒܪܘܚܐ ܕܒܠܗ ܗܘܐ ܒܠܒܐ: ܘܒܫ̈ܘܒܚܘܗܝ ܫܦܝܪܬܐ ܘܫ̈ܒܠܬܐ ܘܪ̈ܒܬ ܦܐܝܘܬܐ: ܘܒܡܫܪܘܬ ܩܘܡܪ̈ܘܬܐ ܕܫܡܝܐ. ܢܬܒܣܡ ܘܢܦܫ. ܢܦܫܪ ܗܘ ܒܬܪܒܝܬܐ. ܘܢܬܒܣܡ ܒ̈ܢܝܐ ܕܢܦܫܐ ܡܢ ܪܚܡܘܗ ܢܦܫܪ ܪܘܚܐ. ܢܬܒܣܡ ܕܐܝܠܝܢ ܕܠܐ ܪܘܓܙܐ ܐܬܝܗܒܘܢ ܠܘܬ [XX.] ܒܠܫ ܒܢܝܢܗ. ܫܠܝܐ ܕܝܢ ܒܡܥܕܪܢܘܬܗ ܕܬܬܠܝܚܝܢ. ܕܒܝܢܐ ܕܡܬܒܥܝܢ ܠܗ. ܐܝܟܢܐ ܕܝܢ ܘܠܠܝܐ. ܢܗܘܪܐ ܗܘ ܕܡܠܝܫ ܒܗܘܢ ܡܢܗܪܝܢ. ܒܗ ܠܐ ܒܥܝܢ ܠܢܗ̈ܪܐ ܡܢܗܪܝܢ. ܫܡܫܐ ܕܝܢ ܘܣܗܪܐ: ܒܟ̈ܘܟܒܐ ܕܝܢ ܘܒܩ̈ܫܝܐ. ܐܝܟ ܦܘܩܕܢܗ. ܒܐܝܘܬܐ ܒܟܠܗ̇ ܡܬܩܝܡܐ ܕܢܗܘܪܐ ܕܠܗܘܢ. ܡܬܒܪܝܢ ܠ̈ܚܡܝܐ ܗܠܝܢ ܕܡܠܒܫܝܢ ܠܗܘܢ. ܐܪܥܐ ܕܝܢ ܦܠܚܐ ܐܝܟ ܨܒܝܢܗ ܙ̈ܪܥܐ ܡ̈ܢܝܢܐ ܕܠܗ̇. ܦ̈ܐܪܐ ܡܒܪܢܐ ܦܓܥܬܐ ܘܡܬܪ̈ܒܝܬܐ: ܠܒܢܝ̈ܐ ܒܗ ܘܠܚܝ̈ܘܬ ܫܕܝܐ: ܘܠܚܝܘܬܐ ܠܗܘܢ ܗܠܝܢ ܕܐܝܬ ܒܗ̇. ܒܗ ܠܐ ܡܬܒܥܝܐ ܘܐܦܠܐ ܡܬܚܫܒܐ ܡܕܡ ܡܢ ܗܠܝܢ ܕܐܬܦ̈ܩܕܘ ܠܐܠܗܐ ܘܐܬܬܦܩܕܘ ܒܗܘܢ. ܠܐ ܡܬܒ̈ܥܝܢܘܬܐ ܒܗ ܕܬܫܡܫܬܐ: ܘܕܒ̈ܢܝܐ ܠܐ ܡܬܦ̈ܠܓܐ ܕܒ̈ܒܢܝܐ ܦ̈ܪܝܢ ܬ̈ܒܪܬܐ. ܒܗܘܢ ܕܝܢ ܒܗܘܢ ܒܡ̈ܕܒܪܐ ܚܒܝܫܝܢ. ܒܗܒܐ ܒܚܝܠܐ ܕܡܪܝܐ ܕܠܐ ܡܫܦ. ܒܗ ܒܒܥܘܬܗ ܐܬܦܩܕ ܒܒ̈ܢܝܢܐ ܕܠܗ. ܠܐ ܢܦܩ ܐܦ ܚܒܪ ܡܦܒ̈ܪܐ ܗܠܝܢ ܕܐܬܬܦܩܕܘ ܠܗ ܚܙܘܗ̈ܝ. ܐܠܐ ܐܝܟܢܐ ܕܦܩܕ ܘܢܦܩܘ ܠܗ ܗܟܢܐ ܚܒܪ. ܐܝܟܢ ܓܢܒ

ܒܕܡܘܬܐ ܠܡܪܟܒܐ ܬܐܬܐ. ܘܟܠܠ̈ܝܢ ܡܢ ܢܬܟܣܘܢ. ܐܘܦܝܘܣ ܗܘ ܠܐ ܡܬܕܒܪܢܐ ܠܒܢܝܢܫܐ: ܘܓܒ̈ܬܐ ܗܠܝܢ ܕܠܗܠ ܡܢܗ. ܒܗܘܢ ܕܝܢ ܒܗܘܢ ܒܦܘܩܕܢܐ ܕܡܪܐ ܕܒܠ ܡܬܦܪܢܣܝܢ. ܐܝܟܢܐ ܬܐܪ̈ܐܢܐ ܘܡܬܠܝܐ: ܘܬܒ̈ܪܢܐ ܘ̈ܫܘܬܦܐ. ܒܥܝܢܐ ܫܦܝܐ ܦܬ̈ܚܝܢ ܠܝܘ̈ܕܐ. ܐܘܫܐ ܒܝܬ ܕܕ̈ܘܒܝܬܐ. ܒܐܝܢܐ ܡܕܝܢܐ ܕܠܗܘܢ. ܬܫܡܫܬܐ ܕܠܗܘܢ ܕܠܐ ܒܥܒܪܐ ܡܬܚܠܝܢ. ܚ̈ܝܠܬܐ ܒܝܬ ܗܠܝܢ ܕܐܡܝܢܐܝܬ ܕ̈ܕܡܢ: ܒܪ ܠܘܬ ܒܥܘܡܩܐ ܒܝܬ ܘܫܠܡܘܬܐ ܐܬܓܪܝܢ. ܕܠܐ ܡܥܦܝܬܐ ܡܬ̈ܚܝܢ ܗܠܝܢ ܕܠܘܬ ܫ̈ܢܐ ܠܒܢܝܢܫܐ. ܗܠܝܢ ܒܝܬ ܕܡܬܪ ܘܒܘ̈ܕܝܢ ܒܫ̈ܝܢܘܬܐ. ܠܡܩ̈ܒܠܢܘܬܐ ܕܠܗܘܢ. ܒܐܘܢܘܬܐ ܘܒܥܝܢܐ ܟ̈ܒܪܐ. ܀ ܗܠܝܢ ܟܠܗܘܢ ܗܘ ܒܪܘܝܐ ܪ̈ܒܐ ܘܡܪܐ ܕܟܠ. ܒܥܝܢܐ ܘܒܐܘܢܘܬܐ ܦܩܕ ܕܢܗܘܘܢ ܐܬܝܗܘܢ. ܒܪ ܡܕܒܪ ܠܟܠܗܘܢ. ܦܠܓ ܕܝܢ ܡܬܪܐܝܬ. ܠܝ ܕܝܠܝ ܫ̈ܪܘܢ ܕܐܬܓܠܝܘܢ ܒܪ̈ܘܚܢܗܘܢ: ܒܪ ܡܪ̈ܢ ܢܦܫ ܡܥܝܢܐ. ܕܠܗ ܫܘܒܚܐ ܠܥܠܡ ܥܠܡܝܢ ܐܡܝܢ. ܚܝܘ [XXI.]

ܫ̈ܒܝܒܐ ܕܝܠܝ. ܠܐ ܫܦܝܪܬ ܗܘ̈ܕܝܬܐ ܕܠܗ ܗܠܝܢ ܗܟ̈ܝܠܬܐ: ܠܕܝܢܐ ܢܗܘܘܢ ܠܝ: ܐܝܟ ܗܘ ܕܒܪ ܠܘ ܐܢܝܢ ܕܟܘܪܐ ܡܬܕܒܪܝܢ: ܐܓ̈ܪܬܐ ܘܗܠܝܢ ܕܟܦ̈ܪܢ ܘܡܕܥܘܗܝ ܢܒܕܪ ܡܢ ܫܘܦܪܬ ܬܪܝܢܘܬܐ. ܐܡܪ ܓܝܪ ܒܪܘܚܝ. ܐܘܝܐ ܕܡܪܢܝ. ܫܪ̈ܒܐ ܕܟ̈ܝܢܐ ܬܘܩܦܐ ܕܒܪܝܫܐ. ܚܙܝܐ ܕܐܡܪܢܐ ܘܐܡܪ ܠܝ: ܘܐܦ ܠܐ ܡܕܡ ܓܠܝܐ ܠܗ ܡܢ ܬ̈ܪܥܝܬܝ. ܘܡܢ ܫܘܥܒܕܐ ܗܠܝܢ ܕܟܒܪܝܢ. ܕܒܐܝܢܐ ܕܝܢ ܐܬܝܗ. ܕܠܐ ܒܪ ܡܚܝܠ ܘܟܡܝܪ ܡܓܠܣܘܬܐ ܢܒܕܪ ܡܕܡ ܠܒܪ ܡܢ ܓܢܣܗ. ܡܟܐܠܘܢ ܕܝܢ ܡ̈ܒܥܝܢܐ ܗܟܠܐ

1 Cod. ܘܟܠܠ̈ܝܢ.

24 ܡ̈ܒܥܝܢܐ] Cod. ܐܢܫ | ܡ̈ܒܥܝܢ.

ܘܚܣܝ̈ܪܝ ܪܘܚܐ: ܘܕܡܬܬܪ̈ܝܡܝܢ ܘܡܫܬܒܗܪܝܢ ܒܡܫܬܥܠܝܘܬܐ ܕܡܠܬܗܘܢ ܢܣܟܠ ܐܘ ܒܐܠܗܐ. ܡܪܢܐ ܕܝܫܘ̇ ܒܡܫܝܚܐ ܕ̈ܠܐ ܕܒܠܗ̇ ܡܒܗܬܐ. ܡܢ ܩܕ̈ܡܝܢ ܢܟܣܦ ܗܘ ܕܕܒܪܝܢ ܠܗܘܢ ܐܬܝܩܪ ܠܩܫܝ̈ܫܐ. ܡܢ ܡܕܒܪ̈ܢܐ ܕܝܠܢ ܢܬܒܝܫ. ܠܥܠܝ̈ܡܐ ܢܪܕܐ. ܠܛܠܝ̈ܐ ܢܪܕܐ ܐܝܟ ܡܪܕܘܬܐ ܕܐܠܗܐ. ܠܢܫ̈ܝܢ ܠܘܬ ܛܒܬܐ ܢܬܪ̈ܨ ܐܢܝܢ. ܕܢܚܘܝܢ ܕܚܒܝܒܘܬܐ ܕܕܘܒܪܐ ܠܢܟܦܘܬܐ ܢܚܘܝܢ. ܫܝܢܘܬܐ ܕܡܟܝܟܘܬܐ ܕܠܒܗܝܢ ܘܢܓܠܝܢ ܢܚܘܝܢ. ܢܚܘܬܐ ܕܠܫܢܐ ܕܠܗܝܢ ܒܝܕ ܫܬܩܐ ܓܠܝܬܐ ܢܥܒ̈ܕܢ. ܚܘܒܐ ܕܠܗܝܢ ܠܐ ܒܦܠܓܘܬܐ ܢܗܘܐ. ܐܠܐ ܠܟܠܗܘܢ ܫܘܝܢ ܕܕܚܠܝܢ ܠܐܠܗܐ ܚܣܝܐܝܬ ܢܚܘܐ. ܢܪ̈ܒܝܢ. ܛܠܝ̈ܢ ܠܡܪܕܘܬܐ ܕܒܡܫܝܚܐ ܢܫܬܘܬܦܘܢ. ܢܐܠܦܘܢ ܡܢܐ ܡܫܟܚܐ ܡܟܝܟܘܬܐ ܠܘܬ ܐܠܗܐ: ܡܢܐ ܡܨܝܐ ܚܘܒܐ ܕܕܟܝܐ ܠܘܬ ܐܠܗܐ: ܐܝܟܢܐ ܕܕܚܠܬܐ ܕܝܠܗ ܛܒܬܐ ܘܪܒܬܐ ܐܝܬܝܗ̇ ܘܡܫܘܙܒܢܐ ܘܦܪܘܩܐ ܠܟܠܗܘܢ ܐܝܠܝܢ ܕܐܠܗܐܝܬ ܡܬܗܦܟܝܢ ܒܗ̇ ܒܬܪܥܝܬܐ ܕܟܝܬܐ. ܒܨܘܝܐ ܓܝܪ ܐܝܬܘܗܝ ܕܬܪ̈ܥܝܬܐ ܘܕܡ̈ܚܫܒܬܐ: ܕܗܘ ܕܢܫܡܬܐ ܒܢ ܐܝܬܘܗܝ. ܘܐܡܬܝ

[XXII.] ܕܨ̈ܒܐ ܡܫܩܠ ܠܗ̇. ܀ ܠܗܠܝܢ ܟܠܗܝܢ ܡܫܪܪܐ. ܗܝܡܢܘܬܐ ܕܒܡܫܝܚܐ. ܐܦ ܓܝܪ ܗܘ ܒܝܕ ܪܘܚܐ ܩܕܝܫܐ ܗܟܢܐ ܩܪܐ ܠܢ. ܬܘ ܒܢ̈ܝܐ ܫܡܥܘܢܝ: ܐܠܦܟܘܢ ܕܚܠܬܗ ܕܐܠܗܐ. ܡܢܘ ܐܝܬܘܗܝ ܓܒܪܐ ܕܨܒܐ ܚܝܐ: ܘܪܚܡ ܝ̈ܘܡܬܐ ܛܒ̈ܐ ܠܡܚܙܐ. ܟܠܐ ܠܫܢܟ ܡܢ ܒܝܫܬܐ. ܘܣܦܘܬܟ ܕܠܐ ܢܡܠܠ ܢܟܠܐ. ܐܣܬܠܩ ܡܢ ܒܝܫܬܐ ܘܥܒܕ ܛܒܬܐ. ܒܥܝ ܫܠܡܐ ܘܪܗܛ ܒܬܪܗ. ܡܛܠ ܕܥܝ̈ܢܘܗܝ ܕܡܪܝܐ ܥܠ ܙܕܝ̈ܩܐ. ܘܐܕ̈ܢܘܗܝ ܠܬܟܫܦܬܐ ܕܝܠܗܘܢ. ܦܪ̈ܨܘܦܗ ܕܝܢ ܕܡܪܝܐ ܥܠ ܥܒ̈ܕܝ ܒܝܫܬܐ. ܠܡܘܒܕܘ ܡܢ ܐܪܥܐ ܕܘܟܪܢܐ ܕܝܠܗܘܢ. ܩܥܐ ܙܕܝܩܐ

ܘܡܪܝܐ ܫܡܥܗ. ܘܡܢ ܟܠܗܘܢ ܐܘܠܨܢܐ ܕܝܠܗ ܦܪܩܗ. ܣ̈ܓܝܐܝܢ ܐܘܠܨܢܐ ܕܙܕܝܩܐ. ܘܡܢ ܟܠܗܘܢ ܢܦܪܩܝܘܗܝ ܡܪܝܐ. ܘܬܘܒ ܣ̈ܓܝܐܢ ܡ̈ܚܘܬܐ ܕܚܛܝܐ. ܠܗܘ ܕܝܢ

[XXIII.] ܕܡܣܒܪ ܥܠ ܡܪܝܐ. ܪ̈ܚܡܐ ܢܚܕܪܘܢܝܗܝ. ܐܒܐ ܗܘ ܕܟܠܗܝܢ ܡܪܚܡܢܐ ܐܝܬܘܗܝ ܘܥܒܕ ܛܝ̈ܒܘܬܐ. ܐܝܬ ܠܗ ܪ̈ܚܡܐ ܥܠ ܕ̈ܚܠܘܗܝ ܕܕܚܠܝܢ ܠܗ. ܢܝܚܐܝܬ ܚܢܬ ܘܒܚܘܒܐܝܬ ܡܥܒܕ ܛ̈ܝܒܘܬܗ ܠܗܢܘܢ ܕܡܬܩܪܒܝܢ ܠܘܬܗ ܒܬܪܝܨܘܬܐ ܦܫܝܛܬܐ. ܡܛܠ ܗܢܐ. ܠܐ ܢܬܦܠܓ ܒܪܥܝܢܢ. ܐܦ ܠܐ ܬܬܗܠܟ ܢܦܫܢ ܘܬܬܕܡܪ ܥܠ ܡ̈ܘܗܒܬܗ ܗܠܝܢ ܡܝ̈ܬܪܬܐ ܘܡܫ̈ܒܚܬܐ. ܪܚܝܩܐ ܢܗܘܐ ܡܢ ܗܢܐ ܟܬܒܐ: ܐܝܟܐ ܕܐܡܪ: ܕܘ̈ܝܐ ܐܢܘܢ ܬܪ̈ܝܝ ܢܦܫܐ: ܗܢܘܢ ܕܡܬܦܠܓܝܢ ܒܢܦܫܗܘܢ: ܗܢܘܢ ܕܐܡ̈ܪܝܢ: ܕܗܠܝܢ ܫܡܥܢܝܢ ܘܒܝܘ̈ܡܝ ܐܒ̈ܗܝܢ: ܘܗܐ ܐܣܬܒܝܢ: ܘܡܢ ܗܠܝܢ ܘܠܐ ܡܕܡ ܓܕܫ ܠܢ. ܐܘ ܣܟ̈ܠܐ ܐܕܡܘ ܢܦܫܟܘܢ ܠܐܝܠܢܐ. ܣܒܘ ܠܟܘܢ ܓܦܬܐ. ܩܕܡܐܝܬ ܡܢ ܢܬܪ ܛܪ̈ܦܝܗ. ܒܬܪܟܢ ܡܘܠܕܬܐ ܗܘܝܐ. ܒܬܪܟܢ ܛܪܦܐ. ܒܬܪܟܢ ܦܩܥܐ. ܒܬܪܟܢ ܒܣܪ̈ܐ. ܒܬܪܟܢ ܥܢ̈ܒܐ ܓܡܝܪܐ ܕܡܫܡܠܝܢ ܠܗܝܢ. ܚܙܝܢ ܐܢܬܘܢ ܕܒܙܒܢܐ ܙܥܘܪܐ: ܠܒܫܠܐ ܘܡܬܐܬܝܢܐ ܡܛܝܒ ܦܐܪܐ ܕܐܝܠܢܐ. ܒܫܪܪܐ ܡܠܝܠܐܝܬ ܘܡܢ ܫܠܝ ܢܬܡܠܐ ܨܒܝܢܗ. ܟܕ ܣܗܕ ܐܚܪܢܐ ܐܦ ܟܬܒܐ. ܕܡܠܝܠܐܝܬ ܢܐܬܐ ܘܠܐ ܢܘܚܪ. ܘܡܢ ܫܠܝ ܢܐܬܐ ܡܪܝܐ ܠܗܝܟܠܗ: ܘܩܕܝܫܐ ܗܘ ܕܡܣܟܝܢ ܐܢܬܘܢ ܠܗ. ܀

[XXIV.] ܢܬܒܝܢ ܚ̈ܒܝܒܝ ܕܐܝܟܢܐ ܡܪܝܐ ܕܟܠ ܡܚܘܐ ܠܢ ܐܡܝܢܐܝܬ ܠܩܝܡܬܐ ܕܥܬܝܕܐ ܠܡܗܘܐ: ܕܗ̇ܝ ܕܪܫܝܬܐ ܗܘܐ ܡܢ ܒܗ ܥܒܕ: ܟܕ ܠܡܪܢ ܝܫܘܥ ܡܫܝܚܐ ܡܢ ܡ̈ܝܬܐ ܐܩܝܡ. ܢܚܙܐ ܚ̈ܒܝܒܝ ܠܩܝܡܬܐ ܗܝ ܕܒܟܠ ܙܒܢ ܗܘܝܐ

ܠܢ. ܐܝܡܡܐ ܘܠܠܝܐ ܡܢܚܬܐ ܡܘܕܥܝܢ ܠܢ. ܕܕܡܟ ܐܢܫ ܒܠܠܝܐ. ܡܬܚܝܡ ܒܐܝܡܡܐ. ܐܝܡܡܐ ܐܙܠ. ܐܬܐ ܒܬܪܗ ܠܠܝܐ. ܢܚܙܐ ܠܢ ܠܦܘܫܬܐ ܕܒܐܕܪܐ. ܙܪܥܐ. ܐܝܟܢܐ ܘܒܐܝܢܐ ܙܢܐ ܗܘܐ. ܢܦܩ ܗܘ ܕܙܪܥ ܘܐܪܡܝ ܒܐܪܥܐ ܠܟܠ ܚܕ ܡܢ ܙܪܥܘܢܐ. ܗܠܝܢ ܕܝܢ ܕܒܫ ܢܦܠܘ ܒܐܪܥܐ ܡܫܥܛܬܐ ܡܚܒܠܝܢ. ܒܬܪܗ ܡܢܗ ܕܫܪܝܢ. ܪܒܘܬܐ ܕܦܠܛܘܬܗ ܕܡܪܝܐ ܒܢܘܚܡܐ ܠܗܘܢ. ܘܡܢ ܚܕ ܡܣܓܝܐܐ ܡܦܪܝܢ ܘܡܝܬܝܢ ܦܐܪܐ. ⁘

[XXV.] ܢܚܙܐ ܐܬܐ ܥܓܝܒܬܐ ܘܬܕܡܘܪܬܐ ܗܝ ܕܗܘܝܐ ܒܐܬܪܘܬܐ ܕܡܕܢܚܐ: ܗܢܘ ܕܝܢ ܒܗܠܝܢ ܕܠܐܬܪ̈ܘܬ ܐܪܒܝܐ. ܦܪܚܬܐ ܓܝܪ ܐܝܬ ܗܝ ܕܡܬܩܪܝܐ ܦܘܢܩܣ: ܗܕܐ ܕܝܢ ܠܝܚܝܕܝܘܬܐ ܐܝܬܝܗ̇. ܚܝܐ ܫ̈ܢܝܐ ܚܡܫܡܐܐ. ܟܕ ܕܝܢ ܗܘܝܐ ܠܡܫܪܐ ܕܙܒܢܐ ܕܫ̈ܢܝܐ ܐܝܟܢܐ ܕܬܡܘܬ. ܗ̇ܝ ܠܢܦܫܗ̇ ܥܒܕܐ ܩܢܬܐ ܡܢ ܠܒܘܢܬܐ ܘܡܘܪܐ ܘܡܢ ܗܠܝܢ ܕܫܪܟܐ ܐܪܘܡܛܐ ܐܚܪ̈ܢܐ. ܗܘ ܕܟܕ ܡܫܬܠܡܐ ܙܒܢܐ ܕܚܝ̈ܝܗ̇. ܥܐܠܐ ܠܗ ܘܡܬܥܠܡܐ ܒܗ. ܟܕ ܕܝܢ ܡܬܚܒܠܐ ܒܣܪܗ̇. ܬܘܠܥܐ ܡܢܕܝ ܡܬܝܠܕܐ ܒܗ ܡܢܗ. ܗ̇ܝ ܕܝܢ ܡܢ ܬܠܝܠܘܬܐ ܕܚܝܘܬܐ ܗ̇ܝ ܕܡܝܬܬ. ܡܬܬܪܒܝܐ ܘܡܬܪܒܝܐ ܡܥܒܕܐ ܓ̈ܦܐ. ܒܬܪܟܢ ܕܝܢ ܗܘܝܐ ܚܝܠܬܢܝܬܐ ܘܡܬܚܝܠܐ. ܡܫܩܠܐ ܠܗ ܠܩܢܬܐ ܗܘ ܕܒܗ ܓܪ̈ܡܝܗ: ܐܝܟܐ ܕܐܝܬܝܗܘܢ ܓܪ̈ܡܐ ܕܗ̇ܝ ܡܕܡܝܬܐ. ܘܗܠܟ ܟܕ ܛܥܝܢܐ ܠܗܘܢ. ܡܥܒܪܐ ܡܢ ܐܬܪܐ ܕܐܪܒܝܐ ܥܕ ܦܘܢܝܩܐ. ܒܡܕܝܢܬܐ ܠܐܠܝܘܦܘܠܝܣ. ܠܗ̇ܝ ܕܡܬܩܪܝܐ ܐܠܝܘܦܘܠܝܣ. ܘܒܐܝܡܡܐ ܟܕ ܟܠܢܫ ܚܙܐ ܠܗ̇: ܟܕ ܛܥܝܢܐ ܘܦܪܚܐ. ܥܠ ܥܠܬܐ ܗ̇ܝ ܕܫܡܫܐ ܣܝܡܐ ܠܗܘܢ. ܘܗܟܢܐ ܠܡܥܠܬܗ̇ ܗܦܟܐ. ܒܗܕܐ ܗܟܝܠ ܗ̇ܢܘܢ ܕܐܝܠܘܦܘܠܝܣ. ܒܚܪܝܢ ܗܘܘ ܠܟܬ̈ܒܐ ܕܙܒ̈ܢܐ

ܘܡܬܒܣܝܢ ܗܘܘ. ܕܟܕ ܐܬܡܠܟܬ ܥܢܘܬܐ ܕܡܬܟܫܦܢܐ
[XXVI.] ܐܬܬ. ܡܪܝܐ ܠܡܘܫܐ ܕܢܒܝܐ. ܪܒܬܐ ܗܟܝܠ ܘܬܡܝܗܬܐ
ܬܫܒܘܚܬܐ ܕܐܝܬܘܗܝ: ܐܝܟܢ ܕܟܬܒܐ ܕܝܠ ܢܡܘܣܐ
ܢܟܪܐ ܕܬܘܒ ܕܡܫܟܚܐ ܦܠܚܘ ܠܗ ܒܬܘܟܠܢܐ
ܕܗܝܡܢܘܬܐ ܫܪܝܪܬܐ: ܐܝܟܢܐ ܕܐܦ ܟܕ ܦܪܘܫܬܐ ܒܗܘܢܐ
ܠܝ ܪܒܘܬܐ ܕܡܠܟܘܬܗ. ܐܡܪ ܓܝܪ ܒܕܘܟ. ܘܬܗܘܐ
ܘܐܦܕܐ ܠܝ. ܘܥܒܕܬ ܘܕܒܪܬ. ܘܦܩܕܬ ܡܛܠ ܕܐܝܬ
ܒܟ ܐܠܗܝ. ܘܬܘܒ ܐܡܪ ܐܝܟܢ. ܘܬܗܘܐ ܠܒܢܝܐ
[XXVII.] ܕܠܐ ܗܘܐ: ܗܘ ܕܢܦܠ ܗܠܝܢ ܟܠܗܝܢ. ܒܗܢܐ ܗܟܝܠ
ܗܒܪܝ. ܢܬܐܡܪܢ ܢܩܫܬܢ ܒܗܘ ܕܡܗܝܡܢܐ ܐܠܗܘܗܝ
ܒܡܠܟܘܬܗ: ܘܒܐܝܢܐ ܒܙܒܢܘܗܝ.. ܗܘ ܕܩܒܠ ܕܠܐ
ܢܕܓܠ. ܦܓܪ ܡܬܪܐܝܬ ܗܘ ܠܐ ܢܕܓܠ. ܠܐ ܡܕܡ
ܓܝܪ ܠܐ ܡܬܒܣܝܐ ܠܘܬ ܐܠܗܐ: ܐܠܐ ܐܢ ܗܘ
ܕܢܕܓܠ. ܬܬܒܬܥ ܡܢ ܗܟܝܠ ܡܗܝܡܢܘܬܗ ܒܡܕܪܫܐ
ܘܬܬܢܨܚ. ܘܬܫܬܒܚ ܕܟܠܗܘܢ. ܡܫܒܚ ܐܢܫ ܠܗ. ܒܟܠܗܬܐ
ܕܪܒܘܬܗ ܩܢܐ ܠܟܠܡܕܡ. ܘܒܟܠܗܬܐ ܡܬܒܣܐ ܠܡܫܬܒܩ
ܘܠܡܬܒܛܠܐ ܐܢܫ. ܟܕ ܢܬܝܒ ܠܗ ܡܕܝܢܐ ܓܕܫܐ. ܐܘ
ܟܕ ܢܡܘܬ ܠܡܥܠ ܒܡܕܝܢܐ ܕܝܠܗ. ܐܡܬܝ ܕܢܓܚܐ
ܘܐܝܟ ܕܢܓܚܐ. ܢܓܕܫ ܟܠܗܝܢ. ܘܠܐ ܢܓܒܪ ܘܠܐ ܡܕܡ
ܡܢ ܗܠܝܢ ܕܡܬܩܢܝܢ ܡܢܗ. ܟܠܗܝܢ ܘܕܡܘܬܗܘܢ ܐܬܝܗܝܢ.
ܘܠܐ ܡܕܡ ܦܠܓܐ ܠܡܫܬܒܚܘ. ܐܢ ܥܒܕܐ ܡܬܬܩܢܝܢ
ܥܘܒܕܝܗ ܕܐܠܗܐ: ܠܡܕܒܪܐ ܕܝܢ ܕܐܝܕܝܘܗܝ ܡܗܘܕܐ.
ܪܘܚܐ: ܘܡܗܐ ܠܢܘܗܪܐ ܦܓܪ ܡܠܬܐ: ܘܠܠܝܐ ܠܠܠܝܐ
ܢܚܘܐ ܝܕܥܬܐ: ܘܠܝܬ ܡܡܠܠܐ ܘܐܦ ܠܐ ܡܠܐ:
[XXVIII.] ܗܠܝܢ ܕܠܐ ܡܫܬܡܥܝܢ ܩܠܝܗܘܢ ܕܠܗܘܢ: ܒܟܠܗܝܢ ܒܝܬ

20 ܦܠܡ] Cod. ܦܠܡ.

ܡܬܢܝܚܝܢ ܘܡܫܬܡܥܝܢ: ܢܒܠ ܡܕܡ. ܘܢܝܚܘ ܡܢ ܙܠܝܠܘܬܐ ܠܟܐܝܘܬܐ ܕܥ̈ܒܕܐ ܒܝ̈ܫܐ. ܐܝܟܢܐ ܕܒܝ̈ܫܘܬܗܘܢ ܢܫܬܘܬܪ ܡܢ ܕܝܢܐ ܕܚܘܒܐ. ܠܐܝܢܐ ܓܝܪ ܡܡܟܟ ܐܢܫ ܡܢ ܠܒܢܝܢ: ܡܢ ܐܝܕܗ ܐܚܝܕܘܬܐ. ܐܝܟܢܐ ܕܝܢ ܒܠܥܕܐ ܢܦܩܠ ܠܐܢܫ ܡܢ ܚܘܒܘܗܝ ܕܢܦܩܢ ܕܡܢ ܡܕܡܘܗܝ ܢܬܦܠܓܘܢ. ܐܡܪ ܓܝܪ ܒܐܬܪܐ ܚܕ. ܠܐܝܢܐ ܐܬܠ: ܘܐܝܢܐ ܐܬܬܦܝܐ ܡܢ ܩܕܡ ܦܪܨܘܦܟ. ܐܝܢ ܐܦܢ ܠܡܒܥܐ ܐܢܬ ܬܡܢ ܐܫܬܝܟ. ܐܝܢ ܐܬܠ ܠܡܦܩܘܣܗ ܕܐܪܥܟ. ܬܡܢ ܡܫܝܚܟ. ܐܝܢ ܐܦܪܘܩ ܬܫܒܘܚܬܐ ܒܬܫܡܫܬܟ. ܬܡܢ ܪܘܚܐ ܕܠܘܟ. ܠܐܝܢܐ ܢܐܙܠ ܐܢܫ: ܐܘ ܠܐܝܢܐ ܢܥܪܘܩ ܡܢ

[XXIX.] ܗܘ ܕܠܟܠ ܢܦܫ. ܢܬܦܪܥ ܠܗܘܢ ܒܫܘܠܡܬܐ ܕܥ̈ܒܕܐ. ܟܕ ܐܘ̈ܪܚܐ ܕܟܐ̈ܢܘܬܐ ܘܠܐ ܡܬܦ̈ܢܝܢܘܬܐ ܡܬܕܪܫܝܢ ܠܘܬܗ. ܟܕ ܚ̈ܫܝܒܝܢ ܠܐܝܟܢ ܒܢܝܫܐ ܘܫܘܬܦܘܬܐ: ܗܘ ܕܡܠܟܘܬܐ ܕܓܒܘܬܐ ܚܒܝܒ ܠܗ. ܗܟܢܐ ܓܝܪ ܒܬܒܥ.. ܐܡܬܝ ܕܡܦܠܓ ܗܘܐ ܡܕܝܢܬܐ ܒܥ̈ܕܬܐ: ܟܕ ܒܥܕܢ ܩܢܝܐ ܕܐܕܡ: ܐܝܟ ܬܫܘܒܬܐ ܕܥ̈ܒܕܝܗ. ܐܝܟ ܡܫܝܚܐ ܕܡ̈ܠܐܟܘܗܝ ܕܐܠܗܐ. ܘܫܦܬ ܡܠܟܘܬܗ ܕܡܪܝܗ ܒܥܕܐ ܕܠܗ ܡܫܘܒ. ܫܠܝܐ ܕܢܬܬܗ ܐܝܣܪܐܝܠ. ܀ ܘܒܥܘܕܬܐ ܐܝܪܬܐ ܐܡܪ. ܗܐ ܡܪܝܐ ܢܦܩ ܠܗ ܒܥܕܐ ܡܢ ܓܘܒܥܬ ܒܥ̈ܕܬܐ. ܐܝܟ ܡܐ ܕܢܦܩ ܒܪܢܫܐ ܪܫܝܬܗ ܡܢ ܐܕܪܐ. ܘܢܦܩ ܡܢ ܒܥܕܐ ܗܘ ܡܕܘܪ. ܡܦܕܢܐ. ܡܪܝܐ ܕܝܫ. ܟ

[XXX.] ܒܥܕܐ ܕܠܝܫ ܕܟܬܪ ܡܫܟܚܬܐ. ܟܕ ܗܟܝܠ ܡܟܠܬܐ ܡܕܫܬܐ ܐܢܬܝܢ. ܢܟܒ ܗܠܝܢ ܕܡܕܫܘܬܐ ܒܠܗܝܢ. ܟܕ ܚܙܝܬܝܢ ܡܢ ܫܬܘܪܝܐ ܡܫܬܒܩܐ ܚܝܠ ܘܠܐ ܕܟܝܢܐ: ܘܡܢ ܡܩܒܪܬܐ.

1 ܘܢܝܚܘ ܡܢ] The ܡܢ has been inserted above the line.

14 Cod. ܚܒܝܒ

ܡܢ ܪ̈ܘܚܬܐ ܚܝܬ ܘܡܢ ܒܥ̈ܠܕܒܒܐ ܘܡܢ ܪ̈ܓܝܓܬܐ ܢ̈ܟܝܬܐ. ܡܢ ܟܘܪܐ ܚܝܬ ܦܓܪܐ. ܘܡܢ ܥܣܩܘܪܘܬܐ ܡܫܝܢܬܐ. ܐܠܗܐ ܓܝܪ ܐܡܪ. ܡܫܬܪܪ ܒܡܪܕܐ ܠܘܩܒܠ ܥܣܩܘ̈ܬܐ. ܠܡܫ̈ܝܢܐ ܕܝܢ. ܡܛܠ ܦܓܥܘܬܐ. ܝܐܐ ܗܟܝܠ ܠܗܠܝܢ ܕܦܓܥܘܬܐ ܡܢ ܐܠܗܐ ܡܬܝܗܒܐ ܠܗܘܢ. ܝܐܝܐ ܐܘܕܝܘܬܐ ܘܫܘܒܚܘܬ ܬܘܕܝܬܐ. ܗܢܐ ܡܬܬܪܝܨ ܡܫܒܚܘܬܐ. ܗܢܐ ܡܬܚܫܒܝܢ ܡܢ ܟܠܗ ܠܘܢܫܐ. ܘܗܢܐ ܠܡܫ̈ܬܠܠܐ ܕܟܠ ܣ̈ܘܪܕܐ. ܠܪܘܚܐ ܗܝܢ ܚܕܝܢ. ܗܢܐ ܒܡܥ̈ܪܐ ܡܫܪܪܘܢ. ܘܠܐ ܗܘܐ ܒܟܠܐ. ܐܡܪ ܓܝܪ. ܗܘ ܕܦܓܥܬܐ ܐܡܪ ܘܥܒܕ: ܒܗܝ ܕܡܣܪ ܡܬܒܠܠܐ ܦܣܩ ܕܐܬܝܗܘܝ ܘܕܘܪܐ. ܡܠܟܐ ܡܠܟ ܐܝܬܝܬܐ ܘܗܘܐ ܫܒܝܐ. ܠܐ ܦܓܥܬܐ ܦܓ̈ܥܐ ܬܗܘܐ. ܡܘܠܟܢܐ ܕܠܝ ܢܗܘܐ ܒܐܠܗܐ. ܘܠܐ ܗܘܐ ܡܢ ܢܦܫ. ܠܡܫ̈ܠܡܘ ܢܦܫܗܘܢ ܦܓܥܐ ܐܠܗܐ. ܫܘܕܥܘܬܐ ܕܡܫܝܢܘܬܐ ܕܠܒܗܘܢ ܦܓܥܬܐ. ܬܬܝܗܒ ܡܢ ܐܢܫܝܐ. ܐܝܟܢܐ ܕܐܬܝܗܒܬ ܠܐܒܪ̈ܗܡܬܐ ܕܠܝ ܦܓܥܘܢ ܢ̈ܫܝܐ. ܡܕܝܢܬܐ ܘܫܘܬܦܘܬܐ ܘܥܘܫܢܘܬܐ. ܠܦܓܥܘܢ ܕܠܝܠܝܢ ܡܢ ܐܠܗܐ. ܢܝܫܘܬܐ ܘܒܫܝܢܘܬܐ ܘܡܫܝܚܘܬ ܬܪܝܨܘܬܐ. ܠܗܘܬ ܦܓܥܘܢ ܕܒܪܝܟܝܢ ܡܢ ܐܠܗܐ. ܝܐܐ [XXXI.]
ܗܟܝܠ ܠܡܬܪܥܝܘ. ܘܢܣܒܐ ܕܐܝܠܝܢ ܐܝܟ ܐܘܪܚܬܐ ܕܒܘܪܟܬܐ. ܢܦܘܩ ܡܢ ܕܘܟ ܗܠܝܢ ܕܗ̈ܝܘ ܡܢ ܒܪܝܫܝܬ: ܡܛܠ ܡܢܝܐ ܐܬܒ̈ܪܝܢ ܐܝܟܐ ܕܠܝ ܐܒܪܗܡ. ܠܐ ܗܘܐ ܗܢ ܕܗܘܐ ܘܥܪܝܪܐ ܒܝܬ ܡܫܝܚܘܬܐ ܒܒܪ: ܐܫܟܚ ܗܢ ܒܡܢ ܬܫܠܘܬܐ ܡܪܒ ܗܘܐ ܠܗܝ ܕܒܬܪܝܐ ܗܘܬ: ܘܫܝܢܘܬ ܡܦܪܒ ܗܘܐ ܕܒܝܬܐ: ܡܢܘܟ ܒܗ ܡܫܒܚܘܬ ܬܪܝܨܬܐ ܐܝܟ ܡܢ ܐܪܥܐ ܡܛܠ ܐܝܩܘܢ:

14 Cod. ܒܗܝܠ].

ܘܐܙܠ ܠܘܬ ܠܒܝ ܘܦܠܚ ܠܗ ܒܥܒܕܘܬܗ̇. ܘܐܬܚܫܒ ܠܗ
[XXXII.] ܬܘܪܥܡ ܬ̈ܪܥܝܬܐ ܕܐܣܟܘܠܐ: ܗܠܝܢ ܕܐܢ̈ܐ ܐܢܫ
ܫܬܐܬܝܬ ܒܥܠܝܙ ܚܕ ܡܢܗܘܢ ܠܚܡܐ: ܢܓܒ ܠܬܪܥܬܐ
ܕܡ̈ܗܡܢܘܬܐ ܗܠܝܢ ܕܡܢܗ ܐܬܝ̈ܗܒܝ. ܡܢܗ ܓܝܪ ܒܗ̈ܘܢܐ
ܘܠܗ̇ܘܢܐ ܒܠܗܘܢ. ܒܗ ܡܫܬܡܠܝܢ ܗܘܘ ܬܫܡܫܬܐ
ܒܡܕܒܪܢܐ ܕܐܠܗܐ. ܡܢܗ ܓܝܪ̈ ܢܣܒ ܗ̇ܘ ܕܒܥܐ.
ܡܢܗ ܡ̈ܠܝܠܐ ܘܪ̈ܥܝܢܐ ܘܡܕܒܪ̈ܢܐ ܗܠܝܢ ܕܒܗܘܢܐ. ܗܠܝܢ
ܒܗܬ ܬ̈ܚܦܝܐ ܕܠܗ ܕܫܪܒܝ. ܠܐ ܗܘܐ ܒܬܫܒܘܚܬܐ
ܘܒܬܪܬܐ ܐܬܚܝܗܘܢ: ܒܗ ܐܠܗܐ ܓܠܝܢ: ܕܢܗܘܐ ܙܕܩ
ܐܝܟ ܒܡ̈ܠܟܐ ܕܥܡܝܐ. ܒܠܗܘܢ ܗܟܝܠ ܐܫܬܟܚܘ
ܘܪ̈ܚܡܘ. ܠܐ ܗܘܐ ܒܝܕ ܢܦܫܗܘܢ ܐܘ ܒܝܕ ܒܢ̈ܝܢܫܐ
ܐܘ ܒܝܕ ܒܐܝܢܬ ܡܫܬܪܘܬܗܘܢ ܗ̇ܘ ܕܟܕܒܘ. ܐܠܐ ܒܝܕ
ܓܒܝܢܐ ܕܐܠܗܐ. ܐܦ ܚܢ ܗܟܝܠ ܒܗ ܒܝܕ ܓܒܝܢܘܗܝ
ܒܡܫܝܚܐ ܢܣܒ ܐܬܦܪܢܢ. ܠܘ ܒܝܕ ܢܦܫ ܡܕܒܪܢܢ.
ܘܐܦܠܐ ܒܝܕ ܫܡܫܘܬܐ ܕܠܢ ܐܘ ܡܫܠܡܢܘܬܐ ܐܘ
ܥܦܝܪܘܬ ܕܫܠܝܐ: ܐܘ ܥ̈ܒܕܐ ܗܠܝܢ ܕܟܕܒܝܢ ܒܫܦܘܬܐ
ܕܠܒܝ. ܐܠܐ ܒܝܕ ܡܫܝܚܘܬܐ: ܗܘ ܕܒܐܝܕ̈ܝܗ ܠܟܠܗܘܢ
ܫܠܡ ܕܡܢ ܟܠܗ ܙܢܝܢ ܐܠܗܐ ܐܚܝܕ ܟܠ. ܕܠܗ ܢܗܘܐ
ܫܘܒܚܐ ܠܥܠܡ̈ܝ ܕܥ̈ܠܡܝܢ ܐܡܝܢ. ܦܢܝܢܐ ܕܝܠܗ ܒܥܒܕܐ
[XXXIII.] ܕܠܐ ܕܒܬܪ ܡܒܠܒܠܬܐ. ܡܢܐ ܗܟܝܠ ܢܓܥܠ ܐܢܫ. ܢܬܠܠ
ܡܢ ܫܒܘܪܘܬ ܠܬܚܬܐ: ܘܢܥܒܕܘܢ ܣܘܓܝ. ܠܐ ܡܬܬܘܡ
ܢܦܫܐ ܡܢܐ ܕܟܠ ܕܗܕܐ ܡܢ ܬܗܘܐ. ܐܠܐ ܢܐܟܝܦ ܒܗ
ܫܦܝܠܘܬܐ ܘܡܣܟܢܘܬܝ. ܕܟܠ ܒܝܬܐ ܠܒܝܐ ܢܫܬܠܐ.
ܗܘ ܓܝܪ ܟܒܕܐ ܘܡܚܪܐ ܕܟܠ. ܒܟ̈ܒܕܐ ܕܠܗ ܢܕܐ.

8 Cod. | ܒܬܫܒܘ.
23 Cod. | ܘܡܣܟܢܘ.

ܒܐܘܪܚܗ ܒܪ ܗܘ ܕܐܬܪ ܡܢ ܟܠ ܪܟ ܘܡܟܠܒ ܫܡܝܐ ܐܡܝܢ. ܘܡܫܡܠܝܘܬܗ ܠܐ ܡܬܦܪܫܢܝܬܐ. ܢܓܒܬ ܐܢܘܢ. ܠܐܪܒܥܐ ܒܝܬ ܦܪܫ ܡܢ ܡܢܝܢܐ ܗܠܝܢ ܕܐܪܒܥܝܢ ܗܘܘ ܠܗ. ܘܦܬܬܗ ܥܠ ܫܬܐܣܬܐ ܕܡܪܬܐ ܘܠܐ ܡܬܓܠܝܢܘܬܐ ܕܝܠܝܕܘܬܗ. ܫܢܘܬܐ ܒܝܬ ܗܠܝܢ ܕܒܗ ܡܬܠܝܢ. ܒܡܘܦܩܢܐ ܕܠܗ ܦܓܪ ܕܢܣܒ. ܡܟܐ ܘܫܢܘܬܐ ܗܠܝܢ ܕܒܗ ܒܗ ܦܪܩ ܠܒܪ. ܢܓܥ ܒܚܝܠܐ ܕܠܗ. ܒܬܪ ܟܠܗܝܢ ܒܪܝܫܐ ܗܘ ܕܝܬܝܪ ܡܢ ܟܠܗܝܢ ܡܟܠܠ ܘܦܠܓ ܪܒ. ܒܐܪܒܥܐ ܕܠܗ ܡܬܝܬܐ ܘܕܠܐ ܡܣܡ ܓܒܠ ܕܡܫܟܐ ܕܝܠܕܗ. ܗܟܢܐ ܒܪ ܐܡܪ ܐܠܗܐ. ܢܓܒ ܒܪܝܫܐ ܕܝܠܗܘܢ ܘܦܘܪܩܢܐ. ܘܒܓܒܗ ܐܠܗܐ ܠܒܪܝܫܐ. ܕܓܪ ܘܢܣܒܐ ܒܓܒ ܐܢܘܢ. ܀ ܒܗ ܗܟܝܠ ܟܠܗܘܢ ܗܠܝܢ ܫܟܠܝ. ܦܠܛ ܐܢܝ. ܘܦܪܘܩ ܐܢܝ. ܘܐܦܪܘܩ ܦܪܘ ܘܫܒܘ. ܀ ܚܙܐ ܕܒܟܬܒܐ ܩܠܝܠܐ ܕܒܗܘ ܟܠܗܘܢ ܕܫܡܐ. ܘܐܦ ܗܘ ܕܝܢ ܡܢ ܒܪܢܫܐ. ܒܗ ܒܟܬܒܐ ܩܠܝܠܐ ܢܓܒܬ ܗܘ ܠܗ ܣܒܐ. ܀ ܒܗ ܗܟܝܠ ܐܝܬ ܠܝ ܗܢܐ ܩܘܫܬܐ ܘܕܡܘܬܐ. ܕܠܐ ܡܫܢܝܘܬܐ ܢܬܦܪܫ ܠܝܠܘܕܐ.

[XXXIV.] ܘܡܢ ܟܠܗ ܣܠܩ ܢܓܒ ܟܬܒܐ ܕܥܒܕܘܬܐ. ܒܟܠܐ ܩܠܝܠ. ܒܢ ܦܐܪܪܗܣܝܐ ܫܘܠ ܠܫܡܐ ܕܟܬܒܗ. ܗܘ ܕܝܢ ܡܫܐܠܐ ܘܡܫܪܐ. ܠܐ ܓܪܐ ܕܢܣܒ ܬܪܥܝܬ ܠܗܘܟܠ ܡܢܐ ܐܓܪܗ. ܀ ܕܙܕܩܐ ܗܟܝܠ ܐܝܬܘܗܝ. ܕܢܗܘܝܐ ܬܗܘܐ ܐܝܬܝܟܘܢ ܠܗܘܬ ܩܒܘܪܬ ܩܠܝܬܐ. ܡܛܠ ܒܪ ܕܗܘܐ ܐܝܬܝܗܝܢ ܟܠܗܝܢ. ܦܪܩ ܒܪ ܐܒܪ ܠܝ. ܗܐ ܡܢܐ ܘܐܓܪܗ ܡܢܟ ܦܘܪܣܐ. ܠܡܦܪܫ ܠܟܠܝܢ ܐܢܝ ܒܟܬܒܗ. ܀ ܀ ܡܢܦܩ ܠܝ ܗܟܝܠ ܕܒܗ ܡܫܡܫܝܢ ܒܗ ܡܢ ܟܠܗ ܠܟܝ. ܠܘ ܩܠܝܠܐ ܐܦܠܐ ܡܫܪܝܐ ܘܪܫܝܐ ܢܗܘܘܢ ܐܢܬܝܢ ܥܠ ܟܠ ܒܪܬܐ ܩܠܝܠܐ. ܫܘܒܚܐ ܕܝܠܝ ܘܦܐܪܪܗܣܝܐ· ܬܗܘܐ ܒܗ. ܢܬܒܪܟ ܠܝܠܘܕܐ. ܢܬܦܪܫ ܘܢܣܒܐ ܠܗܘܢ ܐܓܪܐ

ܗܘ̇ ܕܟܢܫܐ ܕܡ̈ܠܐܟܘܗܝ: ܕܐܝܟܢܐ ܠܨܒܝܢܗ ܕܠܗ ܡܫܡܫܝܢ: ܟܕ ܩܝܡܝܢ ܩܕܡܘܗܝ. ܐܡܪ ܓܝܪ ܟܬܒܐ. ܪ̈ܒܘ ܪ̈ܒܘܢ ܩܝܡܝܢ ܩܕܡܘܗܝ. ܘܐܠܦ ܐ̈ܠܦܝܢ ܡܫܡܫܝܢ ܠܗ. ܘܩܥܝܢ ܗܘܘ: ܩܕܝܫ ܩܕܝܫ ܩܕܝܫ ܡܪܝܐ ܨܒܐܘܬ. ܡ̈ܠܝܐ ܟܠܗ̇ ܒܪܝܬܐ ܡܢ ܬܫܒܘܚܬܗ. ܀ ܐܦ ܚܢܢ ܗܟܝܠ ܟܕ ܒܐܘܝܘܬܐ ܐܟܚܕܐ ܡܬܟܢܫܝܢ ܒܚܕܐ ܬܐܪܬܐ. ܐܝܟ ܕܡܢ ܚܕ ܦܘܡܐ ܢܩܥܐ ܠܘܬܗ ܣܓܝܐܐܝܬ: ܕܢܗܘܐ ܫܘܬܦܐ ܕܡ̈ܘܠܟܢܐ ܕܠܗ ܗܠܝܢ ܪ̈ܘܪܒܐ ܘܡܫ̈ܒܚܐ. ܐܡܪ ܓܝܪ. ܕܗܠܝܢ ܕܥܝܢܐ ܠܐ ܚܙܬ: ܘܐܕܢܐ ܠܐ ܫܡܥܬ: ܘܥܠ ܠܒܐ ܕܒܪܢܫܐ ܠܐ ܣܠܩ: ܛܝܒ ܡܪܝܐ ܠܐܝܠܝܢ ܕܪ̈ܚܡܝܢ ܠܗ. ܀ ܡܟܐ ܛܒܬܢ ܘܬܡ̈ܝܗܢ ܡ̈ܘܗܒܬܐ ܕܐܠܗܐ ܚ̈ܒܝܒܝ. ܚ̈ܝܐ ܕܠܐ ܡܘܬܘܬܐ. ܢܨܝܚܘܬܐ ܒܙܕܝܩܘܬܐ. ܫܪܪܐ ܒܦܐܪܗܣܝܐ. ܗܝܡܢܘܬܐ ܒܬܘܟܠܬܐ. ܢܟܦܘܬܐ ܒܩܕܝܫܘܬܐ. ܘܗܠܝܢ ܟܕ ܡܫܬܟ̈ܚܢ ܬܚܝܬ ܬܪܥܝܬܢ. ܡܢܐ ܗܟܝܠ ܐܬܛܝܒܝܢ ܗܘ: ܗܠܝܢ ܕܡ̈ܛܝܒܢ ܠܐܝܠܝܢ ܕܡܣܟܝܢ. ܥܒܘܕܐ ܕܟܠ ܘܐܒܐ ܕܥܠ̈ܡܐ ܗܘ ܩܕܝܫ ܒܠܚܘܕ. ܗܘ ܝܕܥ ܠܟܡܝܘܬܐ ܕܠܗܘܢ ܘܠܫܦܝܪܘܬܐ. ܚܢܢ ܗܟܝܠ ܢܬܟܬܫ: ܕܢܫܬܟܚ ܒܡܢܝܢܐ ܕܐܝܠܝܢ ܕܡܣܟܝܢ ܘܡܣܝܒܪܝܢ: ܐܝܟܢܐ ܕܢܫܬܘܬܦ ܒܡ̈ܘܠܟܢܐ ܗܠܝܢ ܕܡܠܝܟܝܢ. ܐܝܟܢܐ ܕܝܢ ܬܗܘܐ ܗܕܐ. ܐܢ ܡܫܪܪܐ ܬܗܘܐ ܬܪܥܝܬܢ ܕܝܠܢ ܟܕ ܡܗܝܡܢܘܬܐ ܠܘܬ ܐܠܗܐ. ܐܢ ܢܒܥܐ ܗܠܝܢ ܕܫܦܝܪ̈ܢ ܘܡܩ̈ܒܠܢ ܠܗ. ܐܢ ܢܫܠܡ ܗܠܝܢ ܕܠܝܩܢ ܠܨܒܝܢܗ ܕܝܠܗ: ܘܢܪܕܐ ܠܐܘܪܚܐ ܕܫܪܪܐ. ܐܢ ܢܫܕܐ ܡܢܢ ܟܠܗ̇ ܥܘܠܬܐ ܘܒܝܫܘܬܐ: ܛܠܘܡܘܬܐ: ܚܪܝܢܐ: ܒܝܫܘܬ ܢܟܐ ܒܝܫܬ ܘܢܟ̈ܠܐ: ܠܘܚܫܐ ܒܝܫܬ ܘܡܬ̈ܚܠܠܐ ܕܥܠ ܚܒ̈ܪܐ: ܣܢܐܘܬܐ ܕܡܢ ܐܠܗܐ ܘܫܒܗܪܢܘܬܐ ܘܡܫܠܝܘܬܐ:

[XXXV.]

ܗܪܟܘܬ ܥܡܟܝܢܐ ܒܝܬ ܘܠܐ ܙܢܕܩܬ ܐܒܩܘܢܐ. ܐܝܠܝܢ ܒܢ̈ܝ ܕܗܠܝܢ ܦ̈ܓܪܝܢ. ܦ̈ܠܚܝܢ ܠܐܠܗܐ ܐܝܬܘܗܝ. ܘܠܐ ܗܘܐ ܒܠܚܘܕ ܐܝܠܝܢ ܕܦܓܪܝܢ ܠܗܝܢ. ܐܠܐ ܐܦ ܐܝܠܝܢ ܕܢܦܫܝܢ ܒܗܘܢ ܐܟܣܢܝܐ. ܐܡ̈ܪ ܒܢ̈ܝ ܒܬܒ̈ܐ. ܠܫܠܝܐ ܕܝܢ ܐܡ̈ܪ ܠܗ ܐܠܗܐ. ܠܡܠܟܐ ܐܢܬ ܡܫܬܐܠܐ ܐܢܬ ܘܦ̈ܩܐ ܕܠܟ. ܘܢܦܩ ܐܢܬ ܡܢܗܐ ܕܠܟ ܒܪ ܦܘܡܟ. ܐܢܬ ܕܝܢ ܡܫܝܚ ܡ̈ܪܕܘܬܐ. ܘܒܪܝܬ ܬ̈ܠܬ ܠܦܘܬܪܟ. ܐܢ̈ܪܐ ܗܘܬ ܒܒܢܝ ܙܘܥܐ ܗܘܬ ܒܟܘܢ. ܘܒܟܠ ܒܢ̈ܝ ܡܢܬܟ ܫܐܡ ܗܘܬ. ܦܘܡܟ ܚ̈ܟܡܬܐ ܗܘܐ ܚܠܘܬܐ. ܘܠܥܠܡ ܡܚܒܪܠ ܗܘܐ ܒܢܠܘܬܐ. ܟܕ ܢܬܒ ܗܘܝܬ ܒܠ ܐܢܫܝܢ ܡܟܠܠ ܗܘܝܬ. ܘܒܠ ܒܪ ܐܢܫܐ ܫܐܡ ܗܘܝܬ ܒܟܠܐ. ܗܠܝܢ ܒܟܕ ܘܥܬܘܬ. ܦܟܪܬ ܠܐ ܢܬܟܫܦܘܬܐ ܕܐܝܟܐ ܕܟܝܐ ܐܝܟܐ ܠܟ. ܐܬܟܫܦ ܘܐܫܟܚ ܡܚܡ ܦܪ̈ܘܫܝ ܫ̈ܦܠܝ. ܐܫܬܒܠ ܡܚܠ ܗܠܝܢ ܒܠܚܘܕ ܗܠܝܢ ܕܦܠܚܝܢ ܠܐܠܗܐ. ܕܠܡܐ ܢܫܠܘܦ ܐܝܟ ܐܪܝܐ: ܘܠܐ ܢܗܘܐ ܐܢܬ ܗܘ ܕܡܟ̈ܠܐ. ܕܒܝܬܐ ܕܬܫܒܘܚܬܐ ܬܫܒܘܚ. ܘܬܬܡ ܐܘܪܚܐ ܗܝ ܕܐܢܫܐ ܠܗܘܢ ܦܘܪܥܢܐ ܕܐܠܗܐ. ✣

[XXXVI.] ܗܕܐ ܗܝ ܗܝ ܐܘܪܚܐ ܫ̈ܒܝܒܝ. ܗܝ ܕܒܗ ܐܟܚܕܝܢ ܦܘܪܥܢܐ: ܠܢܦܫ ܡܟܝܟܐ ܗܘ ܪܕ ܒܗ̈ܘܢܐ ܕܡܘܪ̈ܝܐ ܕܝܠܝ: ܠܗܘ ܡܘܡܝܐ ܘܡܟܕܪܢܐ ܕܡܫܝܚܘܬܐ ܕܝܠܝ. ܡܛܠܗܕܐ ܢܬܦܫܐ ܒܘ̈ܡܝܐ ܕܥܡܟܐ. ܡܛܠ ܗܕܐ ܢܫܐ ܐܝܟ ܕܡܟܫܝܪܘܬܐ: ܠܫܬܗ ܗܝ ܡܛܠܬܐ ܘܕܠܐ ܡܘܡ. ܡܛܠ ܗܕܐ ܐܦ ܐܬܦܩܕ. ܢܒ̈ܝܐ ܕܠܟܘܢ ܒܪ ܗܢܐ ܬܪܝܬ ܗܝ ܡܫܝܚܘܬܐ ܘܕܠܐ ܗܘܟܠ: ܢܘܫܐ ܘܪܘܐܐ ܒܠܘܡܪܐ. ܒܪ ܗܢܐ ܢܒܝܐ ܗܘ ܡܪܐ ܕܟܠ: ܕܬ̈ܪܬܐ ܕܐܒܕܬܐ ܚܝ ܢܦܫ. ܗܘ ܕܒܪ ܐܬܘܗܝ ܢܒܝܐ ܕܪܒܘܬܗ: ܒܠܗ ܗܢܐ ܐܬܘܗܝ. ܕܪܒ ܡܢ ܬ̈ܠܐܒܝ.

ܒܥܐ ܕܡܫܝܠܦ ܫܟܐ ܗܘ ܕܝܗܒ. ܒܗܝܢ ܓܒܪ ܡܕܝܢܐ. ܗܘ ܕܟܒܫ ܡ̈ܠܐܟܐ ܕܠܗ ܪ̈ܘܚܐ: ܘܡ̈ܫܡܫܢܐ ܕܠܗ ܠܡܫܒܚܘܬܐ ܕܢܘܪܐ. ܀ ܒܠ ܒܪܗ ܕܝܢ ܡܕܝܢܐ ܐܚܪܢ ܡܢܐ ܕܟܠ. ܒܪܐ ܕܝܠܟ ܐܢܬܘܢ ܐܢܬ. ܐܢܐ ܡܘܕܝܢܐ ܠܛܝܒܘܬܟ. ܢܬܐܠ ܡܢܝܢ ܘܐܬܠ ܠܟ. ܒܡ̈ܠܟܐ ܠܢܘܬܘܬܟ. ܘܐܘܫܢܢܟ ܒܒ̈ܪܝܗ ܕܐܪܒܐ. ܘܬܘܒ ܐܚܪܢ ܠܘܬܗ: ܬܒ ܡܢ ܡܫܝܚ: ܒܒܟܐ ܕܐܘܫܢ ܒܟܠܒܒܝܢ ܒܘܒܫܐ ܬܘܣܝܬ ܬ̈ܟܠܝܢ. ܩܒܘ ܡܢܠ ܐܝܬܝܗܘܢ ܒܠܐܪ̈ܒܥܐ. ܒܝܬ̈ܒ

[XXXVII.] ܘܐܝܠܝܢ ܕܩܢܝܢ ܫܘܟܠܠܐܝܬ ܠܗܘܟܠ ܓܒܢܗ. ܢܓܠܣ ܡܢܠ ܓܒܪ̈ܐ ܐܚܝܢ ܒܡ ܒܠܗ ܣܦܝܩܘܬܐ ܒܦܘ̈ܩܕܢܘܗܝ ܕܠܐ ܒܡܘܡ. ܬܩܢܐ ܒܢܘܢ ܕܩܒܠܝܢ ܒܡ ܡܒܪ̈ܟܢܐ ܘܪ̈ܫܝܢܐ ܕܝܠܝ: ܕܐܝܢܝܐ ܡܠܒܫܐܝܬ: ܕܐܝܢܝܐ ܙܒܢܐܝܬ: ܕܐܝܢܝܐ ܡܫܒܕܐܝܬ: ܡܫܒܠܝܢ ܒܠܗܘܢ ܗܠܝܢ ܕܦܩܪ̈ܝܢ. ܠܘ ܒܠܗܘܢ ܐܝܬܝܗܘܢ ܐܘܦܐܪ̈ܒܐ. ܐܦܠܐ ܪ̈ܫܐ ܐ̈ܠܦܝܢ ܐܦܠܐ ܪ̈ܫܐ ܩܐ̈ܘܬܐ. ܘܐܦܠܐ ܪ̈ܫܐ ܚܡܫܝܢ. ܘܐܦܠܐ ܗܠܝܢ ܕܒܬܪܗܘܢ. ܐܠܐ ܒܠܚܘܕ ܡܢܗܘܢ ܒܠܒܫܐ ܗܘ ܕܠܗ. ܗܠܝܢ ܕܡܬܦܩ̈ܕܝܢ ܡܢ ܟܠܒܐ ܘܡܢ ܪ̈ܫܢܐ ܡܫܒܠܐ. ܗܠܝܢ ܪ̈ܘܒܐ ܣܦܪ ܡܢ ܗܠܝܢ ܐܒܘܪ̈ܐ ܠܐ ܡܫܒܚܝܢ ܠܡܗܘܐ. ܘܐܦܠܐ ܩܢܘܢ ܐܒܘܪ̈ܐ ܣܦܪ ܡܢ ܗܠܝܢ ܪ̈ܘܒܐ. ܡܫܒܪܢܘܬܐ ܡܕܡ ܐܝܬܝܗ ܒܠܗܘܢ. ܘܒܗܠܝܢ ܐܝܬܝܗ ܚܫܝܫܘܬܐ... ܢܩܒ ܠܬܘܣܝܬܐ ܦܓܪܐ ܕܝܠܝ. ܙܥܘܪܐ ܣܦܪ ܡܢ ܬ̈ܟܠܐ ܘܠܐ ܡܕܡ ܐܝܬܘܗܝ. ܗܟܢܐ ܘܐܦܠܐ ܬ̈ܟܠܐ ܣܦܪ ܡܢ ܙܥܘܪܐ. ܗܠܝܢ ܕܝܢ ܗܕ̈ܡܐ ܕܦܓܪܐ ܕܝܠܝ ܕܐܝܬ ܐܒܘܗܝ. ܬ̈ܟܠܝܢܐ ܐܝܬܝܗܘܢ ܠܟܠܗ ܦܓܪܐ ܘܡܦܝܪ̈ܝ ܚܫܝܫܘܬܐ. ܐܠܐ ܒܠܗܘܢ ܫܘܝܘܬ ܡܫܡܫܘܬܐ ܐܝܬ ܠܗܘܢ ܒܡ ܚ̈ܕܕܐ. ܘܒܫܘܒܒܕܐ ܚܕ ܡܬܚܫܚܝܢ: ܠܘܬ ܗܘ ܕܚܫܘܒ. ܒܠܗ ܦܓܪܐ.

[XXXVIII.] ܢܬܘܒ ܗܟܝܠ ܟܠܗ ܦܓܪܐ ܕܝܠܢ ܒܡܟܝܟܘܬܐ܂ ܘܢܫܬܥܒܕ ܥܠ ܚܕ ܡܢ ܠܒܥܝܪܗ̇܆ ܐܝܟܢܐ ܕܐܬܬܣܝܡ ܒܥܘܒܕܗ܂ ܫܠܬܢܝ ܢܐܪܦ ܕܡܫܝܠܐ܂ ܡܫܝܠܐ ܕܝܢ ܢܬܚܫܒ ܡܢ ܫܠܬܢܐ܂ ܚܬܢܝ ܝܗܒ ܠܡܫܡܫܢܐ܂ ܡܫܡܫܢܐ ܕܝܢ ܢܗܘܐ ܠܐܠܗܐ܆ ܕܝܗܒ ܠܗ ܒܪܢܫܐ ܗܘ ܕܒܐܝܕܘܗܝ ܡܬܡܠܟܐ ܣܘܥܪܢܘܗܝ܂ ܣܝܡܝܢ ܣܘܐ ܣܒܪܬܗ܂ ܠܐ ܒܬ̈ܠܝ ܐܠܐ ܒܒ̈ܢܝܐ ܦܓܪܐ܂ ܗܘ ܕܡܬܪܒܐ ܡ̈ܟܬܒܬܐ ܠܐ ܢܦܩܘܕ ܥܠ ܢܦܫܗ܂ ܐܠܐ ܡܢ ܐܣ̈ܝܐ ܢܦܬܘܕ ܒܠܗܘܢ܂ ܗ̇ܝ ܕܐܬܘܬܗܘܢ ܕܒܢܐ ܒܒܣܪܗ ܠܐ ܢܬܦܠ܂ ܒܪ ܡܕܡ܆ ܕܐܣ̈ܝܐ ܐܬܘܬܗܘܢ ܗܘ ܕܡܫܟܚ ܠܗ ܠܗ̇ ܠܚܘܠܡܢܗ܂ ܀ ܢܬܒܩܐ ܗܟܝܠ ܐܦܝ̈ܢ܆ ܕܡܢ ܐܘܪܚܐ ܗ̇ܝܠܐ ܣܓܝܢ܆ ܕܕܐܡܝܢ ܐܝܠܝܢ ܕܒܠܝܢ ܠܒܠܒܐ܆ ܕܒܪ ܡܢ ܐܝܟܐ ܡܒܪܐ ܘܣܥܘܪܐ ܗܘ ܕܒܓܠ ܘܒܓܒܪ ܠܝ܆ ܐܒܓܠ ܠܝ ܠܒܠܒܐ ܗܢܐ ܕܝܠܗ܆ ܒܪ ܦܪܡ ܠܒܗ ܒܗܘܕܪܐ ܕܝܠܗ ܡܕܡ ܕܣܓܝ ܢܗܘܐ܂ ܒܪ ܗܟܝܠ ܗܠܝܢ ܟܠܗܝܢ ܡܢܗ ܐܝܬ ܠܝ܂ ܢܒܥܝܢ ܕܢܗܘܐ ܠܗ܂ ܕܠܗ ܬܫܒܘܚܬܐ ܠܒܠܒܐ ܕܒܠܒܝ ܐܡܝܢ܂ ܀ ܀

[XXXIX.] ܦ̈ܬܠܐ ܘܣܦܪ̈ܝ ܪܚܝܢܐ ܘܦ̈ܠܓܐ ܘܠܐ ܙ̈ܘܓܐ ܡܚܝܢ ܒܢ ܘܡܚܡܝܢ܂ ܒܪ ܢܟܝܢ ܕܢܦܫܗܘܢ ܢܦܫܗܘܢ ܒܬܪ̈ܝܬܗܘܢ܂ ܡܒܢܐ ܠܒܪ ܡܡܫܚ ܡܢܗܬܝ܂ ܐܘ ܦ̈ܝܢܘ ܚܝܠܐ ܕܝܠܢ ܐܝܟܢܐ܂ ܟܬܝܒ ܠܒܪ܂ ܠܝܬ ܗܘܐ ܕܡܫܬܐ ܡܕܡ ܚ̈ܝܠܝ܂ ܐܠܐ ܒܫܬܝ ܘܠܐ ܓܒܪ ܗܘܘܬ܂ ܡܢܐ ܠܒܪ܂ ܠܐ ܗܘܐ ܚܠܠܐ ܐܬܘܬܗܘܢ ܒܪܢܫܐ ܡܕܡ ܡܪܝܐ܆ ܐܘ ܡܢ ܒܒ̈ܪܐ ܕܝܠܗ ܠܐ ܒܕܝܠܐ ܗܘ ܠܒܪܝ܂ ܐܘ ܥܠ ܒܒ̈ܪܐ ܕܝܠܗ ܢܦܩܢ܂ ܥܠ ܦ̈ܠܐܟܐ ܕܝܢ ܕܝܠܗ܂ ܡܕܡ ܦܕܢܐ ܐܬܪ̈ܒܝ܂ ܒܡܣܢܐ ܕܝܢ ܠܐ ܐܬܘܬܗܘܢ ܕܒܢܐ

10 Cod. ܠܗ ܠܗ̇.

ܡܕܡܕܡܘ. ܫܒܩܘ ܕܝܢ ܗܢܘܢ ܕܡܚܪܝܢ ܒܥܕܬܐ ܕܐܠܗܐ: ܕܡܫܠܡܘܗܝ ܐܦ ܚܕ ܡܢܗܘܢ. ܟܕ ܡܢܗ ܕܐܠܗܐ ܐܝܬܝܟ. ܢܦܠܘ ܬܡܢ. ܐܝܟ ܗܠܝܢ ܕܩܫܝܐ. ܘܡܢ ܙܘܥܐ ܒܝܫܐ ܠܡܫܒܩ ܠܐ ܐܬܬܣܝܡܘ. ܡܢ ܗܢ ܕܠܐ ܡܫܬܟܚܝܢ ܗܘܘ ܠܡܬܕܪܘ ܠܢܦܫܗܘܢ ܐܟܙܢܐ. ܢܦܫ ܒܗܘܢ ܘܡܝܬܘ. ܡܢ ܗܢ ܕܠܘܬ ܗܘܐ ܒܗܘܢ ܫܒܝܚܘܬܐ. ܡܛܠ ܕܝܢ: ܐܘ ܐܚܝ ܠܝ ܢܒܝܐ. ܐܘ ܐܢ ܠܚܕ ܡܢ ܫܠܝܚܐ ܩܕܝܫܐ ܬܘܒܐ. ܐܦ ܒܪ ܠܡܠܐܟ ܦܠܠ ܙܘܓܐ. ܠܡܢܐ ܕܝܢ ܡܬܒܥܬ ܡܠܝܐ. ܐܝܟܐ ܫܘܝܬ ܩܠܐ ܕܙܒܢ ܒܡܘܬܐ. ܐܠܐ ܡܫܝܕܐ ܐܬܐܡܠ ܡܕܡܪܝܢܗܘܢ. ܠܙܘܥܐ ܢܦܫܗܘܢ ܩܢܝܢܗܘܢ ܡܢ ܦܘܪܫܐ. ܘܬܚܝܬܗܘܢ ܘܬܫܒܘܚܬܗܘܢ ܒܠ ܬܪܥܐ ܕܒܝܬܝ. ܘܠܐ ܢܗܘܐ ܗܘ ܕܡܦܝܐ. ܗܠܝܢ ܒܪ ܕܗܢܘܢ ܠܒܗ ܕܝܢܐ ܢܐܬܠܘܢ. ܗܢܘܢ ܕܝܢ ܡܢ ܒܝܬܝ

[XL.] ܠܐ ܢܗܘܘܢ ܡܫܩܠܐ. ܀ ܟܕ ܡܚܝܠ ܗܠܝܢ ܡܬܝܒܠܬܐ ܘܟܠܢܬܐ ܐܢܬܘܢ ܠܝ ܐܡܪ: ܘܒܩܘܒܠܐ ܕܡܚܒܬܐ ܐܠܗܘܬܐ ܐܬܝܗܒ. ܒܠܒܘܟ ܒܠܒܫܐ ܚܒܝܒ ܠܡܟܒܕ. ܐܝܟܢܐ ܕܡܢ ܦܩܕ ܕܢܦܩܘܠܐ ܩܪܒܢܐ ܕܡܠܒܫܝܢ. ܡܘܪܒܢܐ ܒܝܬ ܘܬܫܡܫܬܐ. ܠܐ ܗܝܡܢܘܬ ܐܘ ܠܐ ܡܠܒܫܐܝܬ ܓܡܪ ܕܢܗܘܘܢ. ܐܠܐ ܒܟܢܫܐ ܕܡܬܝܚܝܢ. ܘܒܩܕܡܐ ܒܝܬ ܒܕܘܟ: ܘܐܦ ܕܒܝܘܡ ܐܝܠܝܢ ܕܪܘܚܐ ܕܢܬܡܠܠܘܢ: ܗܘ ܬܝܒܘ ܒܬܪܥܝܬܗ ܡܠܠܬܐ. ܐܝܟܢܐ ܕܟܕ ܒܠܗܝܢ ܫܡܥܝܬ ܢܗܘܘܢ: ܢܪܒܐ ܕܡܩܒܠܬܐ ܢܗܘܘܢ ܠܪܚܝܩܘ. ܐܝܠܝܢ ܗܟܝܠ ܕܩܪܝܒܐ ܕܡܫܝܚܝܢ ܚܕܕܝܢ ܠܡܘܪܒܢܐ ܕܐܠܗܘܢ: ܡܩܒܠܐ ܒܝܬ ܐܝܬܝܗܘܢ ܘܦܠܚܘܬܐ. ܟܕ ܒܪ ܠܡܫܡܫܐ ܕܡܢ ܢܦܩܝܢ ܠܐ ܢܦܠܝܢ. ܠܡܬܚܐ ܩܘܡܐ ܒܪ: ܬܫܡܫܬܐ ܡܬܝܒܠܬܐ ܐܝܬܝܗܝܢ ܕܩܕܝܫܝܢ. ܘܠܡܩܕܫ ܒܕܘܟܬܐ ܡܬܝܒܠܬܐ ܦܩܕ. ܩܠܝܐ ܒܬܫܡܫܬܐ ܕܠܐܝܬܐ

ܥܠܡܝܐ. ܒܪܢܫܐ ܥܠܡܝܐ ܒܦܘ̈ܩܕܢܐ ܥܠܡ̈ܝܐ ܐܣܝܪ.
[XLI.] ܟܠ ܚܕ ܡܢܢ ܐܚܝ̈. ܒܛܟܣܐ ܗܘ ܕܝܠܗ ܢܫܦܪ ܠܐܠܗܐ. ܟܕ ܒܬܐܪܬܐ ܛܒܬܐ ܐܝܬܘܗܝ. ܘܠܐ ܡܥܒܪܐ ܩܢܘܢܐ ܕܬܫܡܫܬܗ ܗܘ ܕܡܬܚܡ ܒܢܟܦܘܬܐ. ܃ ܠܐ ܗܘܐ ܒܟܠܕܘܟ ܕܩܪ̈ܒܬܐ ܕܐܡܝܢܘܬܐ ܐܚܝ̈: ܐܘ ܕܨ̈ܠܘܬܐ: ܐܘ ܕܡܛܠ ܚܛܗܐ ܘܣܟܠܘܬܐ. ܐܠܐ ܒܐܘܪܫܠܡ ܠܚܘܕܝܗ. ܘܐܦ ܬܡܢ ܕܝܢ ܠܐ ܒܟܠܕܘܟ ܡܬܩܪܒܝܢ ܕܒ̈ܚܐ. ܐܠܐ ܩܕܡ ܗܝܟܠܐ ܠܘܬ ܡܕܒܚܐ. ܟܕ ܡܬܒܨܪ ܥܠ ܡܕܒܚܐ ܒܗܘ ܡܐ ܕܡܬܩܪܒ ܒܝܕ ܪܒ ܟܗ̈ܢܐ: ܘܒܝܕ ܗܠܝܢ ܡܫܡ̈ܫܢܐ ܐܚܪ̈ܢܐ ܕܦܩܕܘ ܐܬܦܩܕܘ. ܗܢܘܢ ܗܟܝܠ ܕܠܒܪ ܡܢ ܗܢܐ ܕܙܕܩ ܘܦܐܝܐ ܠܨܒܝܢܗ ܥܒܕܝܢ ܡܕܡ. ܡܘܬܐ ܐܝܬ ܠܗܘܢ ܡܦܪܥܢܘܬܐ. ܚܙܘ ܐܚܝ̈. . ܥܠ ܟܡܐ ܕܝܢ ܕܠܝܕܥܬܐ ܕܝܬܝܪ ܣܓܝܐܐ ܐܫܬܘܝܢ. ܟܠܗ ܗܢܐ ܝܬܝܪܐܝܬ ܡܫܬܥܒܕܝܢ ܬܚܝܬ ܩܘܢܕܝܢܘܣ.

[XLII.] ܫ̈ܠܝܚܐ ܠܢ ܣܒܪܘ. ܡܢ ܡܪܢ ܝܫܘܥ ܡܫܝܚܐ. ܝܫܘܥ ܡܫܝܚܐ. ܡܢ ܐܠܗܐ ܐܫܬܕܪ. ܡܫܝܚܐ ܗܟܝܠ ܡܢ ܐܠܗܐ. ܘܫ̈ܠܝܚܐ ܡܢ ܡܫܝܚܐ. ܗܘ̈ܝ ܗܟܝܠ ܬܪ̈ܬܝܗܝܢ ܡܬܛܟܣܢ. ܡܢ ܨܒܝܢܐ ܕܐܠܗܐ. ܟܕ ܗܟܝܠ ܦܘܩ̈ܕܢܐ ܢܣܒܘ ܫ̈ܠܝܚܐ: ܘܦܫܘ ܒܦܠܝܪܘܦܘܪܝܐ ܒܝܕ ܩܝܡܬܐ ܕܡܪܢ ܝܫܘܥ ܡܫܝܚܐ: ܘܐܫܬܪܪܘ ܒܡܠܬܐ ܕܐܠܗܐ ܒܗ ܒܦܠܝܪܘܦܘܪܝܐ ܕܪܘܚܐ ܩܕܝܫܬܐ. ܢܦܩܘ ܠܡܣܒܪܘ ܕܡܛܝܐ ܕܬܐܬܐ ܡܠܟܘܬܐ ܕܐܠܗܐ. ܟܕ ܗܟܝܠ ܒܟܠ ܐܬܪ̈ܘܢ ܘܩܘܪ̈ܝܢ ܐܟܪܙܘ. ܡܩܝܡܝܢ ܗܘܘ ܪ̈ܫܝܬܐ ܕܝܠܗܘܢ. ܟܕ ܒܩܘ ܒܪܘܚܐ ܩܕܝܫܬܐ. ܠܐܦܝܣܩܘ̈ܦܐ

2 ܡܢܢ] Cod. ܡܢܝ.
24 Cod. | ܠܐܦܝܣܩܘ̈ܦܐ ܡܫܝܚܐ.

ܘܠܡ̈ܫܡܫܢܐ ܕܥܡܗ ܕܡܬܕܒܪܝܢ ܗܘܘ ܠܡܫܡܫܘܬܗ. ܘܗܘܕܝ ܠܗ ܗܝܡܢܘܬܗ. ܡܢ ܒܬܪ ܕܒ̈ܢܐ ܩ̈ܠܝܬܐ ܒܠܚܘܕ ܗܘܐ ܡܛܠ ܐܦܝܣܩܘܦܐ ܘܡ̈ܫܡܫܢܐ. ܗܟܢܐ ܕܝܢ ܒܕܘܟ ܐܚܪ̈ܢ ܒܠܒܐ. ܐܝܟ ܐܦܝܣܩܘܦܐ ܕܠܗܘܢ ܒܪܝܫܘܬܐ.

[XLIII.] ܘܡ̈ܫܡܫܢܐ ܕܠܗܘܢ ܒܡܫܡܫܢܘܬܐ. ܘܗܟܢܐ ܬܫܡܫܬܐ: ܐܝܟ ܗ̇ܘ ܕܒܡܫܝܚܐ ܐܬܡܫܡܫܘ ܡܢ ܐܠܗܐ ܒܒܪܐ ܕܐܝܟ ܗܢܐ: ܐܘܝܒܘ ܠܗܘܢ ܕܦܪܢܘ ܐܬܐܡܪܘ: ܐܝܟܢܐ ܕܐܦ ܠܦܘܬܠܝܐ ܗ̇ܘ ܕܐܬܚܘܝ ܗܘܐ ܒܚܙܘܐ ܕܡܫܡܫܢܐ ܟܠܗ ܒܠܒܐ: ܗܠܝܢ ܕܐܬܦ̈ܩܕܝܢ ܠܗ ܟܠܗܝܢ ܢܒܘ ܒ̈ܒܬܐ ܒܫܘܢܐ: ܠܗܘ̇ ܕܐܦ ܢܦܩܘ ܢ̈ܦܫܐ ܫ̇ܘܗ ܕܢܛܪܐ: ܟܕ ܦܩܕܝܢ ܒܠ ܗܠܝܢ ܕܗܒܐ ܐܬܬܦ̈ܣܩܝܢ ܒܢܡܘܣܐ. ܗ̇ܘ ܕܝܢ ܟܕ ܠܒܝܫܐ ܢܓܠ ܡܛܠ ܒܫܘܬܐ: ܘܟ̈ܠܝܢ ܗܘܘ ܚ̈ܙܘܬܐ ܟܠܗܝܢ ܕܐܣܬܪܐܝܠ: ܕܐܝܟܐ ܡܢܗܝܢ ܬܗܘܐ ܕܒܫܒܐ ܗܢܐ ܡܫܒܚܐ ܡܢ ܟܠܗ. ܦܩܕ ܠܬܪܥܣ ܬܪ̈ܝܢ ܥ̈ܓܠܝܢ. ܠܡܦܪܩܘ ܠܗ ܚܘܛܪ̈ܝܗܘܢ. ܟܕ ܒܠܚܕ ܚܠ ܚܠ ܚܕ ܡܢܗܘܢ ܥܓܠܐ ܕܚܕ ܥܓܠܐ ܗ̇ܘ ܕܠܗ. ܘܟܕ ܢܣܒ ܐܢܘܢ. ܐܦܪܫ ܘܢܬܠ ܐܢܘܢ ܒܩ̈ܘܬܐ ܕܬ̈ܪܝܢ ܥ̈ܓܠܝܢ. ܘܫܡ ܐܢܘܢ ܒܡܫܟܢܐ ܕܗܘܕܝܘܬܐ ܥܠ ܦܬܘܪܐ ܕܐܠܗܐ. ܘܟܕ ܐܚܕܗ ܠܡܫܟܢܐ. ܣܓܕ ܐܢܘܢ ܠܩܠܝܕܐ. ܗ̇ܘ ܗܘܝܬ ܐܦ ܠܬܪ̈ܥܐ. ܘܐܡ̣ܪ ܠܗܘܢ ܠܒ̈ܢܝܐ ܐܚܝ̈ܟ. ܥܪܒܬܐ ܗ̇ܝ ܕܢܘܒܐ ܚܘܛܪ̈ܗ: ܠܗܕܐ ܠܒܝܐ ܐܠܗܐ ܠܡܗܘܢ ܘܠܡܫܡܫܘ ܠܗ. ܒܕ ܕܝܢ ܗܘ̣ܐ ܝܒܝܫܐ. ܐܦܢ ܘܡܛܝܐ ܐܚܪܢܐ ܠܟܠܗ ܐܣܪܐܝܠ: ܠܫܬܡܫܐ ܡ̈ܠܦܢܐ ܕܒܢ̈ܝܐ. ܘܫܘܝ ܠܬܪܥܐ ܥ̈ܓܠܐ. ܘܦܬܚܗ ܠܡܫܡܫܢܐ ܕܗܘܕܝܘܬܐ. ܘܐܡ̣ܪܗ ܐܢܘܢ ܠܚܘܛܪܐ. ܘܐܫܬܟܚ ܚܘܛܪܐ ܗ̇ܘ ܕܐܗܪܘܢ. ܠܘ ܒܠܚܘܕ ܕܫ̈ܘܚܐ ܠܗ. ܐܠܐ ܐܦ ܕܐܝܬ ܒܗ ܦܐܪܐ. ܘܒܢܐ ܦܩܕܝܢ

ܐܬܝܗ̈ܘܢ ܐܝܟ ܢܡܘܣܐ. ܠܐ ܦܪܝܫ ܓܝܪ ܗܘܐ ܗܘܐ ܡܘܬܐ: ܕܗܕܐ ܒܬܕܐ ܗܘܬ ܕܬܗܘܐ. ܦܠܓ ܡܬܐܡܪܐ ܓܝܪ ܗܘܐ. ܐܠܐ ܡܛܠ ܕܠܐ ܕܗܘܕܝܐ ܢܗܘܐ ܒܐܝܣܪܐܝܠ ܗܟܢܐ ܥܒܕ. ܐܝܟܢܐ ܕܢܬܟܢܫ ܥܡܐ ܕܐܠܗܐ ܗܘ ܕܒܠܚܘܕܘܗܝ ܫܪܝܪܐ. ܕܠܗ ܬܫܒܘܚܬܐ ܠܥܠܡܐ

[XLIV.] ܕܥܠܡ̈ܝܢ ܐܡܝܢ. ܀ ܐܦ ܦ̈ܠܝܣܐ ܕܝܠܢ. ܒܙܒܢ ܟܕ ܡܢܘܢ ܢܣܒ ܡܫܝܚܐ: ܕܫܪܝܪܐ ܗܘܐ ܡܛܠ ܥܡܐ ܕܐܦܝܣܩܘܦܘܬܐ. ܡܛܠܗܕܐ ܒܠܚܘܕܐ: ܟܕ ܡܕܒܪܢܘܬ ܕܒܠܬܐ ܡܫܬܡܠܝܬܐ ܢܗܘܐ. ܐܫܘܗ ܠܗܘܢ ܕܢܦܩܘܢ ܐܬܐܒܕܪܘ. ܘܡܬܟܢܫܘܬܐ ܥܠ ܟܢܘܫܐ ܢܗܘܐ ܐܦ ܗܕܐ. ܐܝܟܢܐ ܕܐܦ ܐܢ̈ܫܝܢ ܡܢܗܘܢ ܢܬܒܥܘܢ. ܢܥܒܕܘܢ ܐܚܪ̈ܢܐ ܠܒܢ̈ܝ ܕܒܝܬ ܘܒܝܬܘܢ ܬܫܡܫܬܐ ܕܠܗܘܢ. ܠܗܘܢ ܗܟܝܠ ܕܡܢ ܗܢܘܢ ܐܬܬܦܪܫܘ: ܐܘ ܒܡܬܓܪܓܬܐ ܡܢ ܐܚܪ̈ܢܐ ܠܒܢ̈ܝ ܥܘܠܐ ܘܩܛܘܠܐ ܐܬܚܒܠܘ ܟܕ ܓܠܝ ܒܕܬܐ ܐܬܚܒܠܬ ܐܚܪܢܐ: ܘܥܒܕܘ ܠܐ ܒܕܠܐܝܬ ܠܡܪܕܘܬܐ ܕܡܫܝܚܐ ܡܢ ܡܕܝܢܬܐ ܬܪܝܨܘܬܐ ܘܫܠܝܐܝܬ ܘܢܝܚܐܝܬ: ܟܕ ܡܫܬܗܪܝܢ ܗܘܘ ܒܪ̈ܒܢܐ ܦܠܓܐ ܐܝܟ ܡܢ ܟܠܢ. ܠܗܠܝܢ ܗܟܝܠ. ܠܘ ܕܒܐܝܢܐ ܦܘܠܚܢܐ ܕܐܬܝܗ̇: ܕܢܦܩ ܐܢܘܢ ܡܢ ܬܫܡܫܬܐ. ܫܦܝܪܐ ܓܝܪ ܠܘ ܕܒܘܪܐ ܢܗܘܐ ܠܝ: ܐܦ ܠܗܘܢ ܕܠܐ ܒܕܠܐܝܬ ܘܫܦܝܪܐܝܬ ܦܪܘܫܘ ܡܘܬܒ̈ܢܐ ܕܐܦܝܣܩܘܦܘܬܐ ܒܥܕܐ ܠܒܪ. ܠܟܗܢܘܬܗܘܢ ܒܪ ܠܡܫܡܫܢܐ ܗܢܘܢ ܕܦܪܫܘ ܣܝܡܘ: ܗܢܘܢ ܕܓܠܐ ܦܐܪܐ ܘܠܚܡܪܐ ܗܘܐ ܠܗܘܢ ܫܪܝܐ ܕܡܢ ܗܪܟܐ. ܠܐ ܓܝܪ ܦܠܚܝܢ ܕܕܠܡܐ ܐܝܟ ܢܡܘܣܐ ܐܢܘܢ ܡܢ ܕܗܘܬܐ ܗܘ

5 Cod. ܠܥܠܡ̅.

18 ܦܘܠܚܢܐ] The letters ܦܘܠܚ are written over an erasure.

ܕܫܒܝܚܐ ܠܗܘܢ. ܒܝܘܡ ܓܝܪ ܕܠܡܫ̈ܝܚܐ. ܐܢܬܘܢ ܕܣܦܩܬܘܢ ܐܝܟ ܕܒ ܠܓܠܝܬ ܡܬܕܒܪܝܢ ܗܘܘ: ܡܢ [XLV.] ܬܫܡܫܬܐ ܗܝ ܕܐܬܝܗܒܬ ܒܝܕܗܘܢ. ܕܢܟܪ ܚ̈ܪܝܐ ܐܢܬܘܢ ܐܚܝ.. ܘܦܓܪ̈ܝܐ ܡܛܠ ܗܠܝܢ ܕܠܐ ܠܡܫܡܥ ܠܦܘܪܩܢܐ. ܐܦ ܗܘ ܕܐܬܝܗܒܬܘܢ ܒܒ̈ܬܐ ܒܚ̈ܝܢܐ ܗ̈ܘܝܢ ܫ̈ܪܝܪܐ: ܗܠܝܢ ܕܒܝܬ ܪܘܚܐ ܡܕܝܢܬܐ. ܢܕܥܝܢ ܐܢܬܘܢ. ܕܠܐ ܡܕܡ ܕܓܠܝܐ. ܐܦܠܐ ܕܓܘܫܡ ܚܘܒ ܒܗܘܢ. ܠܐ ܡܫܬܟܚܝܢ ܐܢܬܘܢ ܕ̈ܝܘܫܐ ܕܐܬܦܪܫܘ ܡܢ ܓܒܪ̈ܐ ܚ̈ܛܝܐ. ܐܬܪܕܦܘ ܕ̈ܝܘܫܐ. ܐܠܐ ܡܢ ܠܐ ܢ̈ܦܫܬܐ. ܐܬܝܗܒܘ ܒܝܕ ܐܘܪ̈ܚܐ. ܐܠܐ ܡܢ ܚ̈ܛܝܐ. ܐܬܪ̈ܓܫܘ. ܐܠܐ ܡܢ ܚ̈ܒܪܐ ܢܦܫܬܐ. ܐܬܦܠܓܘ. ܐܠܐ ܡܢ ܡܫ̈ܠܡܢܐ ܘܚ̈ܛܝܐ ܕܦܓܪܐ ܫܡܝܢܝܢ. ܘܒܗ ܗܠܝܢ ܢܫܡܝܢ ܗܘܘ: ܫܡܝܢܘܬ ܗܒܝܪܘ. ܡܛܠ ܓܝܪ ܐܡܪ ܐܢܐ: ܕܢܐܬܐ ܡܢ ܕ̈ܢܚܐ ܐܠܗܐ ܐܬܪܒܝ ܒܫܘܒܚܐ ܕܐܪ̈ܥܬܐ: ܐܘ ܢܝ̈ܚܐ ܘܫ̈ܪܝܐ ܘܫܡܝܢܐܝܬ: ܡܢ ܐܝܠܝܢ ܕܕ̈ܢܚܝܢ ܕܢܠܬܐ ܗܝ ܫܡܝܢܘܬܐ ܘܪܒܘܬ ܦܐܝܘܬܐ ܕܡܪ̈ܝܡܬܐ: ܐܬܝܗܒܘ ܒܐܬܘܬܐ ܕܢܘܪܐ. ܠܐ ܟܠ ܟܠܗ ܗܕܐ ܗܘܬ. ⁘ ܚ̈ܝܘ ܗܟܝܠ ܐܢܬܘܢ ܗܝܘ ܕܗܠܝܢ ܒܟܝܪܘ. ܦ̈ܐܝܐ ܘܕܟܝܢ ܟܠܗ ܒܫܘܬܐ: ܠܟܠܗ ܗܕܐ ܢܟܦܬܐ ܐܬܬܟܝܪܘ. ܐܝܟܢܐ ܕܠܗ̈ܝܢ ܕܡܬܪܟܢܬܐ ܢܦܫܬܐ ܘܕܠܐ ܡܘܡ ܦܠܚܝܢ ܠܐܠܗܐ ܒܬܫܡܫܬܐ ܢܟܦܬܐ. ܕܒ ܠܐ ܡܕܟܝܢ ܗܘܘ ܕܡܪ̈ܝܡܬܐ: ܡܫܡܫܢܐ ܘܡܬܬܒܥܢܐ ܕܢܠܦ ܗ̈ܘܝܢ ܕܒܐܪܬܐ ܕܒܝܬܐ ܦܠܚܝܢ ܠܫܡܗ ܡܪܬ ܒܟܠ ܐܢܬܘܢ. ܕܠܗ ܬܫܡܫܬܐ ܠܟܠܗ̈ܝܢ ܕܟܠ̈ܝܗ ܐܟܡܢ. ⁘ ܐܝܠܝܢ ܕܝܢ ܕܫܡܝܪܘ ܒܬܟܠܬܐ. ܬܫܡܫܬܐ ܘܐܝܩܪܐ ܝܗܒܘ.

16 : ܕܡܪ̈ܝܡܬܐ] Cod. : ܕܡܪ̈ܝܐ.

ܐܬܬܪܝܡܘ ܥܠܘܗܝ ܘܐܬܒܛܠܘ ܡܢ ܐܠܗܐ: ܒܕܘܒܪܐ ܕܟܠܗ
[XLVI.] ܠܥܠܡ ܥܠܡܝܢ. ܂:܂ ܠܕܐܝܟ ܗܠܝܢ ܬܫܥܝܬܐ ܕܗܘܐ ܠܝ ܕܢܦܩ
ܐܦ ܚܕ ܐܚܪܢ. ܟܬܒܬ ܠܟ: ܕܢܗܘܐ ܠܡܕ̈ܥܐ. ܡܛܠ
ܕܐܝܠܝܢ ܕܢܦܩܝܢ ܠܗܘܢ. ܢܬܦܪܣܘܢ. ܘܬܘܒ ܒܕܘܒܪܬܐ
ܐܚܪܬܐ ܐܙܠܬ. ܡܢ ܟܪܟܐ ܕܦܪܣ ܕܒܝܬ ܬܗܘܡܐ. ܘܡܢ
ܟܪܟܐ ܟܪܟܐ ܬܗܘܡܐ. ܘܡܢ ܦܬܠܝܐ ܬܬܦܬܠܬ. ܢܦܩ
ܗܝܠ ܠܢܗ̈ܪܐ ܘܠܕܝܩܠܐ. ܐܬܬܗܘܢ ܕܝܢ ܗܠܝܢ. ܟ̈ܪܟܐ
ܕܐܠܗܐ. ܂:܂ ܠܟܪܟܐ ܚܪܝܢܐ ܘܫܒܝܬܐ ܘܩܠܝܬܐ ܘܩܒ̈ܘܪܐ:
ܡܪܒܐ ܚܝܬ ܘܡܬܩܢܬܐ ܐܝܬ ܗܝ. ܐܦ ܠܐ ܚܕ ܐܠܗܐ ܐܝܬ
ܠܝ ܘܚܕ ܡܥܡܪܢܐ: ܘܚܕ ܦܘܪܣܐ ܕܠܒܘܬܐ ܗܘ ܕܐܬܬܒܪܕ
ܥܠܝ: ܘܚܕܐ ܐܬܬܝܗ̇ ܦܪܝܬܐ ܒܡܥܡܪܢܐ. ܠܟܪܟܐ
ܡܠܟܝܢ ܘܡܫܥܒܕܝܢ ܠܡ̈ܪܕܘܬܐ ܕܡܥܡܪܢܐ: ܘܫܟܝܚܝܢ ܠܘܬ
ܦܟ̈ܪܐ ܕܠܝ: ܘܠܟܠܗ̇ ܗܕܐ ܫܡܥܘܬ ܪܚܝܩܐ ܐܬܬܝܢ:
ܐܡܪܢܐ ܕܠܟܢܐ ܕܗ̈ܕܪܟܐ ܕܫ̈ܪܕܐ ܐܢܬܝ. ܐܬܕܟܪܘ ܠܟ̈ܠܟܐ
ܕܟܪܝܢ ܡܥܡܪ ܒܡܥܡܪܢܐ. ܐܡܪ ܠܢ: ܘܟ ܠܟܪܟܐ ܗܘ.
ܟܠ ܗܘܐ ܠܗ: ܐܠܐ ܠܐ ܐܬܒܠܥ: ܐܘ ܕܠܚܡ ܡܢ ܟ̈ܪܟܐ
ܕܠܐ ܢܦܠ. ܦܫܛ ܗܘܐ ܠܗ: ܐܠܐ ܙܩܝܦܐ ܗܘܬ ܙܘܥܐ
ܟܦܘܪܗ: ܘܡܫܠܒܒ ܒܢܦܫܗ. ܐܘ ܕܠܚܡ ܡܢ ܟ̈ܪܟܐ ܕܠܐ
ܢܦܩܘܢ. ܦܪܘܫܐ ܕܠܟܘܢ ܠܩ̈ܛܝܠܐ ܦܘܫܘ. ܠܩ̈ܛܝܠܐ
ܒܡܘܬܒܐ ܐܪܝܟ. ܠܩ̈ܛܝܠܐ ܒܡܫܡܫܐ. ܠܟܠ ܕܝܢ ܕܠܝ
[XLVII.] ܒܡܘܬܒ. ܘܡܕܒܠ ܡܡܘܢܐ ܗܘ ܡܫܡܫܢܘܗܝ. ܫܟܒ
ܡܫܪܪ ܒܡܥܕܢܘܗܝ ܠܐܓܪܬܐ ܕܦܘܠܡܘܣܐ ܦܝܠܘܣ
ܥܠܝܡܐ: ܡܢܐ ܡܕܡܐܝܬ ܟܬܒ ܠܟܘܢ ܒܥܘܪܐ
ܕܡܕܝܢܬܐ. ܒܝܪܚܐ ܪܒܝܥܝܐ ܟܬܒ ܠܟܘܢ ܡܛܠ ܢܦܫܗ
ܘܡܛܠ ܒܐܦܝܐ ܘܡܛܠ ܐܦܠܘܣ. ܡܛܠ ܕܐܦ ܗܢܝܢ.

7 ܕܝܢ] The ܝ is written (pr. m.) over ܘ. It is probable that ܗ stood originally in the place of ܕܝ.

ܦܘܩܕܐ ܕܒܪܬܗܘܢ. ܐܠܐ ܦܘܩܕܐ ܗܘ ܕܡܕܡ. ܢܛܪܐ ܘܚܘܪܐ ܐܢܬ. ܠܠܒܗ. ܦܘܩܕܘܗܝ ܠܒܪ ܡܢ ܠܘܬ ܫ̈ܠܝܚܐ ܐܬܠܠܒܬܘܢ ܒܐܡܪܬ ܕܡܫܝܚ ܗܘܘ. ܘܠܘܬ ܒܢܝܐ ܕܥܡܐ ܗܘܐ ܠܘܬܗܘܢ. ܗܢܐ ܕܝܢ. ܐܬܒܥܝܘ ܕܐܝܠܝܢ ܐܬܝܗܘܢ ܗ̇ܢܘܢ ܕܠܟܘܢ ܡܥܒܕ: ܘܠܚܝܫܘܬܐ ܕܐܝܟܢܘܬ̇ ܐܚܝܘܬܐ ܕܠܟܘܢ ܦ̇ܓܪܘ: ܘܩܛܠ. ܥܒܝܕܬܐ ܐܝܬܘܗ̇ ܘܐܠܐ ܚܘܝܐ ܠܕܘܒܪܐ ܕܒܥܒܝܕܐ ܡܘܒܠ: ܠܡܬܥܒܕ ܕܡܫ̈ܪܪܘܬܐ ܗ̇ܝ ܡܕܒܪܢܘܬܐ ܕܒܬܐ ܕܩܘܪܝܢܬܝܐ: ܡܛܠ ܚܕ ܐܘ ܬܪܝܢ ܦܪ̈ܨܘܦܐ ܬܫܟܚܘܢ ܠܘܬ ܩ̈ܫܝܫܐ: ܘܗܘܝ ܥܒܕܐ ܠܗ ܒܠܚܘܕ ܠܘܬܗܘܢ ܕܟܠܐ: ܐܠܐ ܐܦ ܒܕܝܪܐ ܠܗܘܢ ܕܒܢܝܢܐ ܐܚܪܢܐ ܐܝܬܝܗܘܢ ܠܒܪ ܡܢܗܘܢ: ܐܡܪܢܐ ܕܙ̈ܘܓܐ ܢܬܬܢܝܚܘܢ ܥܠ ܥܡܐ ܕܡܢܗܘܢ ܡܛܠ ܥܢܘܝܘܬܐ ܕܠܟܘܢ: ܘܒܠܒܟܘܢ ܕܠܟܘܢ ܡܢܩܝܢ ܬܬܒܥܘܢ.

[XLVIII.] ܢܬܒ̇ܥܘܢ ܗܟܝܠ ܠܗܕܐ ܒܒܥܠ. ܘܒܥܠ ܡܕܡ ܡܕܝܢܐ ܘܒܥܐ ܒܪ ܡܬܥܩܒܝܢ ܠܗ. ܐܡܪܢܐ ܕܒܪ ܗ̇ܘܐ ܡܫܬܚܠܦܐ ܢܬ̈ܪܥܐ ܠܝ. ܘܢܫܘܘܢ ܢܬܠ ܠܝ ܠܘܬ ܒܢܝܢܘܬܐ ܗ̇ܝ ܡܕܒܪܢܘܬܐ ܕܠܝ ܕܐܫܬܠܡܬ̇ ܐܚܝܘܬܐ: ܘܠܘܬ ܕܘܟܬܐ ܗ̇ܝ ܕܒܢܐ. ܬܪܥܐ ܒܪ ܕܗܝܡܢܘܬܐ ܠܘܬ ܢ̈ܫܐ ܕܦܬܝܚ ܐܬܝܗܘܢ ܗܢܘ. ܐܡܪܢܐ ܕܝܢ ܕܢܬܒ. ✤ ܦܬܝܚ ܠܝ ܬܪ̈ܥܐ ܕܗܝܡܢܘܬܐ. ܐܡܪܢܐ ܕܝܢ ܐܬܘܠ ܒܗܘܢ ܐܘܕܐ ܠܡܬܪܐ. ܗܢܘ ܬܪܥܗ ܕܡܬܪܐ: ܕܢܩܫܐ ܢܦܠܘܢ ܒܗ. ✤ ܒܪ ܗܟܝܠ ܬܪ̈ܥܐ ܦ̈ܬܝܚܐ ܐܝܬܝܗܘܢ ܕܦܬܝܚܝܢ. ܗ̇ܘ ܕܒܗܝܡܢܘܬܐ ܗܢܐ ܐܝܬܘܗܝ. ܒܡܫܝܚܐ. ܒܗ̇ܘ ܕܠܦܬܘܪ̈ܐ ܐܝܬܝܗܘܢ ܒܠܗܘܢ ܗ̇ܢܘܢ ܕܒܗ: ܘܬ̈ܪܥܝܢ ܡܫܪܝܬܐ ܕܠܗܘܢ ܒܚܝܘܬܐ ܘܒܗܝܡܢܘܬܐ: ܒܪ ܕܠܐ ܕܠܘܚܡܐ ܒܠܗܝܢ ܡܫܬܟܚܝܢ. ܢܗܘܐ ܐܦ ܡܫܡܫܢܐ. ܕܗܘܐ ܫܠܝܛܐ. ܘܒܬܪܐ ܢܘܗܪܐ. ܢܒܥܘܢ ܫܒܝܠܐ ܒܦܘܪܫܢܐ ܕܡ̈ܠܐ.

ܢܗܘܐ ܕܝܢܐ ܒܒܪ̈ܝܬܐ. ܟܠܗ ܓܝܪ ܗܢܐ ܡܬܬܪܐܝܬ ܕܗܘܐ ܐܝܬ ܠܗ ܡܫܒܚܘܬ ܬܪܥܝܬܐ ܢܝܚܐ. ܒܡܠܐ ܕܡܬܪܐܝܬ ܡܫܬܒܪ ܕܡܬܪ ܙܒ. ܘܙܒܢܐ ܗ̇ܘ ܕܡܣܘܬܪܐ ܠܓܘܐ
[XLIX. ܠܟܠܢܫ. ܘܠܐ ܗ̇ܘ ܕܠܗ. ܗ̇ܘ ܕܐܝܬ ܠܗ ܫܘܒܚܐ ܒܡܫܝܚܐ. ܢܒܥ ܦܘܡܗ ܕܡܫܝܚܐ: ܐܝܟܢܐ ܕܫܘܒܚܐ ܕܐܠܗܐ. ܢܚܬ ܡܫܝܚ ܠܡܫܡܥܘ ܠܢܘܒܬܐ ܕܦܓܪܘܬܗ. ܢܚܬ ܕܢܦܩ ܠܡܐܡܪ ܪܘܡܐ ܗܘ ܕܠܗ ܢܚܬ ܫܘܒܚܐ. ܠܐ ܡܬܡܠܠܢܐ ܐܝܬܘܗܝ. ܫܘܒܚܐ ܢܚܬ ܠܝ ܠܐܠܗܐ. ܫܘܒܚ ܡܢܦܫܐ ܥܘܪܐ ܕܦܠܓܗܐ. ܫܘܒܚ ܟܠܗܝܢ ܢܚܡܝܢ. ܟܠܗܝܢ ܡܛܠ ܪܘܚܐ. ܘܠܐ ܡܕܡ ܒܫܘܝܐ ܒܫܘܒܚܐ. ܘܠܐ ܡܕܡ ܥܒܗܘܪܐ. ܫܘܒܚܐ ܦܪܘܫ ܠܝܬ ܒܗ. ܫܘܒܚ ܠܐ ܢܟܪܐ. ܫܘܒܚ ܟܠܗܝܢ ܢܚܒ ܒܫܘܝܘܬ ܬܪܝܢܘܬܐ. ܒܫܘܒܚܐ ܐܫܬܡܠܝܘ ܟܠܗܘܢ ܒ̈ܢܝܐ ܕܐܠܗܐ. ܦܠܓ ܡܢ ܫܘܒܚܐ ܠܡܫܘܪ ܐܢܫ. ܠܐܠܗܐ ܠܐ ܡܫܒܚ. ܒܫܘܒܚܐ ܢܗܒ ܠܝ ܠܒܪܗ ܡܪܐ ܕܟܠ. ܡܛܠ ܫܘܒܚܐ ܗܘ ܕܗܘܐ ܠܗ ܠܗܘܬ. ܕܟܢܗ ܢܦܩ ܫܠܦܝ ܥܒܕ ܡܫܝܚܐ ܡܪ̈ܝ ܕܒܢܝܐ ܕܐܠܗܐ. ܘܒܦܪܗ ܫܠܦ ܒܡܪܐ ܕܟܠ.
[L.] ܘܢܦܫܗ ܫܠܦ ܢܦܩܬܐ ܕܟܠ. ܫܡܝ ܐܝܬܘܗܝ ܢܚܝܒܢ: ܕܐܒܝܢܐ ܡܕܡ ܪܒܐ ܘܬܫܒܘܚܬܐ ܐܝܬܘܗܝ ܫܘܒܚܐ: ܘܐܦ ܕܟܠ̇ ܕܒܡܪܘܬܗ. ܠܝܬ ܡܠܬܐ ܡܕܡ ܕܦܫܡܐ ܕܬܫܬܒܚ ܒܗ̇ ܐܠܐ ܐܢ ܒܫܘܒܚܐ. ܘܠܫܘܚܠܦ̈ ܕܢܦܩܐ ܐܠܗܝ. ܢܬܒܥܘ ܗܒܠ ܢܚܝܒܝ. ܘܢܫܐܠ ܡܢ ܪ̈ܘܚܐ ܕܐܠܗܝ. ܐܢܒܥܐ ܕܫܘܒܚܐ ܢܬܒܥ. ܒܙ ܐܢܬܘܢ ܕܠܐ ܡܕܡ ܦܠܓ ܡܢ ܟܠ ܦܪܨܘܦܬܐ ܐܢܫܝܬܐ. ܡܪܢܐ ܕܢܚܙ ܒܥܒܐ ܕܒܢ ܕܒܡܪ ܡܒܥܬܐ. ܕܪ̈ܐ ܟܠܗܘܢ ܕܡܢ ܐܕܡ ܒܒܡܐ ܠܗܘܡܐ ܗܢܝ. ܒܒܪܗ ܠܗܘܢ. ܐܠܐ ܐܠܝܢ ܕܒܫܘܒܚܐ ܐܫܬܡܠܝܘ. ܐܝܬ ܠܗܘܢ ܒܦܪܫܘܬܐ ܕܐܠܗܝ. ܐܬܪܐ ܕܫܦܝܪ̈

ܕܫܠܡܬܐ. ܗܢܘܢ ܕܐܬܓܠܝܘ ܘܐܬܝܕܥܘ. ܒܣܘܥܪܢܘܬܐ ܕܡܠܟܘܬܐ ܕܐܠܗܐ. ܟܬܝܒ ܓܝܪ. ܥܘܠܘ ܠܬܐܘܢܐ ܩܠܝܠ ܙܒܢܐ: ܥܕܡܐ ܕܢܥܒܪ ܪܘܓܙܐ ܘܚܡܬܐ ܕܝܠܝ: ܘܐܬܕܟܪ ܠܝܘܡܐ ܛܒܐ: ܘܐܩܝܡܟܘܢ ܡܢ ܩܒܪܝܟܘܢ ܕܝܠܟܘܢ. ܛܘܒܝܢ ܐܢܚܢ ܗܘܝܢ ܐܘ ܚܒܝܒܝ: ܐܢ ܠܦܘܩܕܢܐ ܕܐܠܗܐ ܥܒܕܝܢ ܗܘܝܢ ܒܐܘܝܘܬܐ ܕܚܘܒܐ: ܠܘܬ ܗܝ ܕܢܫܬܒܩܢ ܠܢ ܚܛܗܝܢ ܒܐܝܕܝܗ ܕܚܘܒܐ. ÷ ܟܬܝܒ ܓܝܪ: ܕܛܘܒܝܗܘܢ ܠܐܝܠܝܢ ܕܐܫܬܒܩܘ ܠܗܘܢ ܥܘܠܝܗܘܢ: ܘܠܐܝܠܝܢ ܕܐܬܟܣܝܘ ܠܗܘܢ ܚܛܗܝܗܘܢ. ܛܘܒܘܗܝ ܠܓܒܪܐ ܗܘ ܕܠܐ ܢܚܫܘܒ ܠܗ ܡܪܝܐ ܚܛܝܬܗ: ܘܐܦܠܐ ܐܝܬ ܢܟܠܐ ܒܦܘܡܗ. ܗܢܐ ܛܘܒܐ ܗܘܐ. ܥܠ ܗܢܘܢ ܕܐܬܓܒܝܘ ܡܢ ܐܠܗܐ ܒܝܕ ܝܫܘܥ ܡܫܝܚܐ ܡܪܢ. ܕܠܗ ܬܫܒܘܚܬܐ ܠܥܠܡܝ ܥܠܡܝܢ ܐܡܝܢ. ÷

[LI.] ܟܠܗܝܢ ܗܟܝܠ ܗܠܝܢ ܕܐܣܬܪܚܢ ܘܥܒܕܢ ܒܝܕ ܡܕܡ ܡܢ ܗܠܝܢ ܕܗܘ ܕܠܣܛܢܐ. ܢܬܒܥܐ ܕܢܫܬܒܩܢ ܠܢ. ܘܐܦ ܗܢܘܢ ܕܡ ܕܗܘܘ ܪ̈ܫܐ ܕܚܪܝܢܐ ܘܕܦܠܓܘܬܐ ܢܫܝܢ. ܕܒܗܘܢ ܓܘܢܝܘܬܐ ܕܣܒܪܐ ܢܚܘܪܘܢ. ܗܢܘܢ ܓܝܪ ܕܒܕܚܠܬܐ ܕܐܠܗܐ ܘܚܘܒܐ ܡܬܕܒܪܝܢ. ܢܦܫܗܘܢ ܡܬܪܐܝܬ ܨܒܝܢ ܕܒܫ̈ܢܩܐ ܢܦܠܘܢ. ܐܘ ܥܠ ܩܪܝܒܝܗܘܢ ܡܐܠܨܝܢ ܡܛܠ ܒܠܚܘܕ. ܐܘ ܕܫܠܡܘܬܐ ܗܝ ܕܐܫܬܠܡܬ ܠܢ ܫܦܝܪܐܝܬ ܘܒܟܐܢܘܬ. ܫܦܝܪܐ ܓܝܪ ܠܒܪܢܫܐ ܕܢܘܕܐ ܥܠ ܣܟܠܘܬܗ. ܐܘ ܕܢܩܫܐ ܠܒܗ: ܐܝܟܢܐ ܕܐܬܩܫܝ ܠܒܗܘܢ ܕܗܢܘܢ ܕܩܡܘ ܠܘܩܒܠ ܡܫܡܫܢܐ ܕܐܠܗܐ ܡܘܫܐ: ܕܗܢܘܢ ܕܕܝܢܗܘܢ ܓܠܐ ܗܘܐ. ܢܚܬܘ ܓܝܪ ܠܫܝܘܠ ܟܕ ܚܝܝܢ.

14 ܘܥܒܕܢ] Apparently the original reading, but altered (pr. m.) to ܘܥܒܕܢ.

ܘܡܘܬܐ ܢܪܒܐ ܐܝܟܢ܂ ܀ ܦܪܝܟܢ ܘܚܝܠܗ ܘܚܝܠܗܘܢ ܕ̈ܒܢܝܐ ܕܡܕܝܢܬܐ: ܡܬܕܒܪܢܘܬܐ ܒܗܝܢ ܘܪ̈ܫܝܥܝܢ. ܠܐ ܡܛܠ ܕܠܬܐ ܡܕܡ ܐܚܪܬܐ ܐܬܦܠܓܒܘ ܒܡܠܟܐ ܗܘܡܢܐ ܘܐܟܢܐ: ܐܠܐ ܡܛܠ ܗܘ ܕܐܬܦܩܕܘ ܠܒܢܝܢܗܘܢ ܠܐ ܡܬܟܬܫܢܐ: ܡܢ ܒܬܪ ܕܗܘ̈ܝ ܐܬܘܬܐ ܘܬܕܡܪܬܐ ܒܐܓܘܦܛܘܣ: ܒܝܕ ܡܫܡܫܢܐ ܕܐܠܗܐ ܡܘܫܐ.

ܓ [LII.] ܦܪܥܘܢ ܕܝܢ ܒܥܒܕܐ ܕܚܠܦ ܕܒܬܪ ܡܢܚܬܐ. ܠܐ ܗܝܡܢܐ ܐܬܚܘܝ ܡܪܝܐ ܕܟܠ ܐܝܟ ܕܟܠܗܝܢ. ܘܠܐ ܟܠ ܡܕܡ ܗܝܡܢ: ܐܠܐ ܐܢ ܕܝܗܒ ܠܗ ܟܠܝܗ: ܀ ܐܡܪ ܓܝܪ ܟܬܒܐ ܕܗܘܝ. ܐܦܪܐ ܠܟܪܣܝܐ. ܘܬܗܦܟ ܠܗ ܗܕܐ ܡܛܪ ܡܢ ܐܪܥܐ ܕܝܠܗ: ܕܟܠܗܘܢ ܡܪ̈ܥܐ ܘܦܪ̈ܫܬܐ. ܚܙܘ ܡܬܚܫܒܝܢ ܘܢܝܬܘܢ. ܘܬܘܒ ܐܡܪ: ܕܥܡ ܠܐܠܗܐ ܕܡܝܬܐ ܕܡܫܒܚܬܐ. ܘܦܪܘܩ ܠܡܠܟܘܬܐ ܬܠܘܬܟ. ܘܦܪܘܫ ܒܥܡܡܐ ܕܐܘܠܨܢܐ. ܘܐܦܪܘܩ ܘܬܫܒܚܢ.

[LIII.] ܕܚܝܠܐ ܓܝܪ ܠܐܠܗܐ ܪܘܚܐ ܫܡܝܢܬܐ. ܀ ܡܕܝܢ ܐܢܬܘܢ ܓܝܪ ܐܚܝ. ܘܠܒܐܝܬ ܡܕܝܢ ܐܢܬܘܢ ܠܐܬܘܬܐ ܒܡܠܟܐ. ܘܐܕܝܟܘܬܐ ܒܟܠܗ ܕܐܠܗܐ. ܐܝܟ ܕܠܒܗܘܢܐ ܗܒܠ ܗܠܝܢ ܚܝܠܝܢ. ܗܢ ܓܝܪ ܫܠܡ ܡܘܫܐ ܠܦܘܪܢܐ ܘܒܒܝ ܢܡܘܣܐ ܐܪܟܝܢ ܘܠܠܘܬܐ ܐܪܟܝܢ ܒܝܘܡܐ ܘܒܡܘܡܒܝܢ. ܐܡܪ ܠܗܘܢ ܐܠܗܐ. ܚܙܘ ܒܓܠܠ ܡܢ ܗܪܟܐ. ܡܛܠ ܕܐܬܝܠܕ ܒܟܝ ܡܠܟܐ ܕܐܦܩܬ ܡܢ ܡܨܪܝܢ. ܒܥܝܢ ܠܝܠܘܬܐ ܡܢ ܐܪܥܐ ܗܢܝ ܕܦܩܕܬ ܐܝܟܢ. ܘܒܥܕܘ ܠܗܘܢ ܒܡܫܚܐ. ܘܐܡܪ ܡܪܝܐ ܠܡܘܫܐ. ܬܠܠܬ ܠܗܘܢ ܚܕܐ ܙܒܢ ܘܬܪܬܝܢ ܒܗ ܐܡܪ ܐܝܟ. ܫܡܥܬ ܠܒܡܐ ܗܢܝ. ܘܗܐ ܐܬܬܪܝܡ ܡܢܐ ܡܕܝܢܐ.

13 Cod. ܬܠܘܬܗ.

ܘܐܪܟܒܘ ܐܩܠܐ ܐܢܘܢ ܘܐܠܗܐ ܥܒܕܘܗܝ ܡܢ ܬܘܒܬ ܥܡܡܐ. ܘܐܬܩܒܪ ܒܡܥܒܕܐ ܪܒܐ ܘܬܡܢܝܐ ܘܕܩܝܠܐ ܬܘܪܐܝܬ ܐܘ ܗܢܐ. ܘܐܡܪ ܒܡܘܒܐ. ܠܐ ܡܪܝܢܐ.. ܥܒܘܕ ܨܠܡܬܐ ܗܕܐ ܠܒܪܐ ܗܢܐ. ܐܘ ܐܦ. ܠܝ ܠܚܝܢ ܡܢ ܚܬܒܐ ܕܫܢܝܐ. ܐܘ ܠܚܘܒܐ ܪܒܐ. ܐܘ̈ ܠܡܥܪܘܬܐ ܡܚܠܝܬܐ ܘܕܠܝܬ ܠܡܥܒܪ ܠܟܠ ܡܢܗ. ܡܬܚܫܫ. ܒܦܐܪ̈ܣܝܐ ܡܚܝܢܐ ܠܘܬ ܡܕܝܢܐ. ܥܐܠ ܥܘܒܕܢܐ

[LIV.] ܠܡܒܝܐ. ܐܘ ܕܐܦ ܗܘ ܬܬܒܠܐ ܒܢܡܘܣܗ ܡܦܬܚ. ܢܟܘ ܗܒܠ ܒܒܗ ܣܠܬܐ. ܢܟܘ ܣܘܦܬܐ. ܢܟܘ ܕܢܬܠܐ ܣܘܒܐ. ܢܐܡܪ ܐܢ ܡܬܦܠܠܝ ܐܣܬܘܗܝ ܥܟܘܒܝܐ ܘܣܢܝܐ ܘܦܪܘܦܐ. ܐܝܟ ܡܢܘܣ ܐܝܟ. ܐܝܠ ܐܝܟ ܠܐܡܒܐ ܕܢܦܩ ܐܢܬܘܢ. ܘܟܒܪ ܐܝܟ ܗܠܝܢ ܕܡܬܦܩܕܝܢ ܡܢ ܒܡܐ. ܟܠܗܘܢ ܡܪ̈ܝܒܬܐ ܕܡܥܝܢܐ. ܬܚܬܝܢ ܒܡ ܡܬܥܐ ܗܢܘܢ ܕܦܢܡܝܢ ܒܗ. ܗܕܐ ܗܘ ܕܟܒܪ. ܥܘܒܕܢܐ ܪܒܐ ܗܘ ܠܗ ܒܡܥܝܢܐ ܢܥܘܒ. ܘܟܠ ܐܬܪܐ ܢܡܟܠܗ. ܕܡܕܝܢܐ ܗܘ ܚܢܢ ܐܘܪܚܐ ܘܡܘܠܝܐ ܕܠܗ. ܐܝܠܝܢ ܕܗܠܝܢ ܡܬܕܒܪܝܢ. ܕܗܟܢܐ ܕܐܠܗܐ ܗܘ ܕܠܝܬ ܒܗ ܡܬܬܢܝܬܐ

[LV.] ܒܕܒܪ ܘܒܥܒܕܘܗܝ. ⁘ ܐܡܒܝܐ ܕܝܢ ܕܐܦ ܬܘܣܦܬܐ ܕܡܕܝ̈ܢܬܐ ܢܬܐ ܠܒܘܗܝ. ܗܟܢܐܐ ܩܠܒܐ ܘܡܕܒܪܢܐ ܡܢ ܪ̈ܥܝܐ ܕܩܪ̈ܡܝܐ: ܕܒܪ ܘܒܢܐ ܕܐܘܠܝܢܐ ܐܘ ܕܚܘܒܐ ܡܒܪܢ ܘܡ ܚܠ ܚܡܐ: ܗܪ ܩܢܘܡܐ ܐܬܦܢܟܘ: ܐܥܠܡܘ ܢܥܡܘܗܝ ܠܡܘܬܐ: ܐܡܒܝܐ ܕܢܦܩܘܢ ܒܪ ܕܡܐ ܕܠܡܘܢ ܠܒܢܝ ܡܕܝܢܬܐ ܕܠܡܘܢ. ܦܠܓܐܐ ܢܦܩܘ ܡܢ ܡܕܝܢܬܐ ܕܠܡܘܢ: ܐܡܒܝܐ ܕܠܐ ܢܦܠܓܘܢ ܬܘܒ ܢܥܒܕܘܢ. ܢܕܒܢܝܢ ܦܠܓܐܐ ܒܢ ܕܐܥܠܡܘ ܢܦܥܡܘܢ ܠܐܦܘܪ̈ܐ. ܐܡܒܝܐ ܕܐܢܫ̈ܝܐ ܢܥܘܒܘܢ. ܦܠܓܐܐ ܢܦܥܡܘܢ ܐܥܠܡܘ ܠܒܪܘܬܐ. ܘܒܪ ܥܡܠܘ ܓܢܒ̈ܐ ܕܠܡܘܢ: ܬܘܪܦܢܘ

ܠܐܣܘܪܝܐ. ܢܫܐ ܦܠܚܐܝܬܐ ܕܝܢ ܐܬܫܠܡ ܡܢ ܦܠܒܘܬܐ ܕܐܠܗܐ. ܫܠܝܡ ܒܒܪܘܬܐ ܦܠܚܝܐܬܐ. ܡܥܘܕܬ ܗܘ. ܦܠܚܘܢܬܐ ܕܝܢ ܒܡܘܟܣܢܐ ܐܢܬܬܗ ܕܡܠܟܘܬܗ. ܚܙܝܬ ܡܢ ܡܢܝܢ. ܕܬܬܒܟܘ ܠܡܚܘܢ ܠܡܠܟܘܬܐ ܕܒܠܥܕܒܐ. ܒܝ ܐܬܒܠܡܬ ܗܘܠ ܗܝ ܠܗ ܠܡܣܝܘܕܘܣ. ܢܒܘܬ ܡܛܠ ܢܘܒܐ ܕܡܕܝܢܬܐ ܕܐܟܬܒܗ ܘܡܛܠ ܒܟܢܐ ܕܐܬܬܗܘܢ ܒܡܘܟܣܢܐ. ܘܐܬܒܠܡ ܡܪܢܐ ܠܐܘܠܘܦܪܢܣ ܒܐܝܕܐ ܕܢܡܟܬܐ. ܠܗ ܟܘܢ ܐܦ ܐܣܬܪ ܗܝ ܡܫܡܠܝܬܐ ܒܡܫܡܠܝܘܬܐ: ܠܡܣܝܘܕܘܣ ܗܝ ܠܗ ܐܬܒܠܡܬ: ܐܡܢܐ ܕܠܒܪܬܗ ܕܐܫܬܪܐܠ ܬܦܝܐ: ܕܒܬܝܐ ܗܘܬ ܕܬܐܒܕ. ܒܝ ܟܕ ܢܘܡܗ ܘܡܫܡܫܗ. ܐܦܝܣܬ ܠܫܢܝܐ ܕܒܠ ܘܡܪܐ ܕܫܠܡܐ ܐܠܗܐ. ܗܘ ܕܒܝ ܢܝܐ ܠܡܫܡܫܐ ܕܢܬܢܗ: ܦܝܢ ܠܒܢܐ ܡܢ ܗܠܝܢ ܕܡܬܠܠܬܗܝܢ ܐܢܬܘܗܝ ܗܘܐ

[LVI.] ܒܡܣܝܘܕܘܣ. ܘܐܦ ܣܡ ܗܘܝܠ. ܢܒܒܐ ܡܛܠ ܗܝܢܘܢ ܕܒܫܪܒܬܐ ܡܕܝܢ ܐܬܬܝܕܥ. ܐܡܢܐ ܕܬܬܝܕܥ ܠܗܘܢ ܢܒܘܬܐ ܘܡܫܡܫܬ ܬܪܝܢܬܐ: ܠܗܘܬ ܗܝ ܕܢܬܪܒܘܢ ܘܢܫܦܘܢ: ܠܗ ܠܝ: ܐܠܐ ܠܝܟܢܐ ܕܐܠܗܐ. ܗܟܢܐ ܟܕ ܢܗܘܐ ܠܗܘܢ ܒܗܕܢܐ ܡܫܡܠܝܐ ܘܦܐܪܢܐ ܕܒܡ ܬܒܥܐ: ܐܘ ܠܗܬ ܐܠܗܐ ܐܘ ܠܗܬ ܡܪܫܘܬܗܝ. ⁘

ܒܫܒ ܡܪܕܘܬܐ ܗܝ ܕܠܐ ܐܢܫ ܙܕܩ ܠܗ ܕܢܬܒܣܡ ܒܠܝܗ ܣܬܒܒ. ܡܪܕܘܬܐ ܗܝ ܕܒܒܝܢ ܠܗܬ ܫܪܪܐ: ܦܠܚܬܐ ܐܢܬܘܢ ܘܢܬܘܢ ܦܓܪ ܡܘܬܪܢܘܬܐ. ܫܘܦܐ ܠܝ ܟܕ ܠܝܟܢܐ ܕܐܠܗܐ. ܗܟܢܐ ܟܕ ܐܡܬܪܐ ܡܠܬܐ ܡܫܡܬܐ. ܡܕܝܪܐ ܙܕܝ ܡܪܢܝ. ܘܠܡܘܬܝ ܠܐ ܐܬܒܠܡܝܢ. ܠܗܘ ܟܕ ܕܢܫܡ ܡܪܢܝ ܙܪܐ ܠܗ. ܡܛܠܬܐ ܕܡ ܠܟܠ ܒܪܐ ܗܘ

6 Cod. ܐܬܘܗ̄.

ܕܡܦܠܓ. ܢܬܪܢ ܓܝܪ ܐܢܫ ܕܗܘܐ ܒܪܝܫܝܬ ܘܒܣܘܦ. ܡܨܝܐ ܕܝܢ ܕܢܫܠܛ ܠܐ ܢܕܥܘܢ ܠܙܥܐ. ܘܬܘܒ ܐܡܪ: ܠܦܢܘܢ ܠܒܪܝܬܐ ܗܘ ܕܐܓܫܡ ܡܪܝܐ: ܡܬܪܘܝܘܬܐ ܕܝܢ ܕܐܢܫ ܟܠ ܠܐ ܢܫܠܐ. ܗܘ ܓܝܪ ܠܓܒܐ ܚܒܪ: ܘܬܘܒ ܫܦܝܢ ܚܠܬܡ. ܡܨܝܐ ܘܐܪܥܘܗܝ ܐܩܦܝܢ. ܬܪܬ ܘܒܢܝܢ ܡܢ ܐܩܠܝܕܐ ܢܦܩܝܢ. ܒܗܘ ܕܝܢ ܕܫܒܒ: ܠܐ ܬܫܟܚ ܒܗܝܢ ܒܝܬܐ. ܒܟܠܗܝܢ ܕܝܢ ܢܦܩܝܢ ܡܢ ܡܟܠܬܐ. ܒܡܬܪܐ ܕܝܢ ܡܢ ܐܝܕܐ ܕܦܬܠܐ ܢܩܪܝܢ. ܘܡܢ ܢܚܪܐ ܕܠܥܝܠ ܢܕܡܝܢ. ܘܠܐ ܬܬܒܠ ܒܗ ܕܐܬܝܢ ܟܠܗܝܢ ܒܝܬܐ ܕܚܘܠܐ. ܘܟܠ ܠܐ ܢܬܚܫܒ ܬܟܝܢ. ܡܢ ܫܘܝܘܬ ܥܠܬܐ ܕܝܢ ܒܪܝܬܗ ܠܐ ܬܬܒܠ. ܫܘܝܘܬ ܥܠܬܐ ܕܝܢ ܒܪܝܬܗ ܢܬܬܝܢ ܠܝ. ܒܬܪܝܢ ܬܘܒ: ܕܡܫܬܪܝܢ ܒܗܬܐ ܕܠܝ. ܬܘܒ ܕܝܢ. ܕܦܪܫ ܘܪܚܝ. ܬܠܝܢ ܕܝܢ ܐܝܟ ܠܡܣܒܐ ܕܢܦܠܐ. ܬܐܙܠ ܕܝܢ ܠܡܕܢܚ. ܐܝܟ ܫܠܝܬܐ ܕܡܫܒܚܢܐ ܘܡܠܐܟܐ ܕܒܪܢܫܐ ܡܬܚܙܝܢ. ܐܘ ܐܝܟ ܓܒܪܐ ܕܐܙܕܪܐ ܕܒܥܬܗ ܡܬܒܥܐ. ܡܢܝܢܐ ܕܝܢ ܒܫܡܐ ܕܠ ܕܟܬܪ ܡܢܬܐ. ܚܕܐ ܫܒܝܒܐ: ܒܕܡܐ ܣܘܓܐܐ ܐܝܬ ܠܫܪܟܗܘܢ ܕܡܬܕܪܝܢ ܡܢ ܡܪܝܐ. ܒܪ ܓܝܪ ܐܒܐ ܙܒܢܐ ܐܬܘܗܝ: ܙܪܐ ܠ ܒܪ ܡܪܘܬܗ ܫܡܝܢܬܐ. ܠܘܬ ܗܘ ܕܢܗܘܘܢ ܒܠܝ ܪܒܝܬܐ.

[LVII.] ܐܢܬܘܢ ܗܟܝܠ ܫܡܥܘܢ ܕܣܘܪܝܗ ܕܐܘܠܨܢܐ ܒܒܪܬܘܢ: ܐܬܬܒܝܢܘ ܠܗܘܢ ܠܡܫܝܚܐ. ܘܐܬܕܪܘ ܠܬܫܡܫܬܐ. ܒܪ ܚܒܝܢ ܐܢܬܘܢ ܒܡܪܒܐ ܕܠܒܟܘܢ. ܢܠܦܘ ܠܡܬܬܒܝܢܘ. ܒܪ ܓܝܪ ܐܢܬܘܢ ܡܢܟܘܢ ܡܫܡܠܝܬܐ: ܘܡܬܪܘܝܘܬܐ ܕܡܫܝܚܘܬܐ ܕܠܥܠܡܐ ܕܠܒܟܘܢ. ܦܠܓ ܗܘ ܠܟܘܢ ܓܝܪ ܕܒܡܬܪܒܝܢܘܬܐ ܕܡܫܝܚܐ ܕܒܘܪܐ ܘܕܟܝܢ ܒܗ ܬܫܬܒܚܘܢ. ܐܘ ܕܒܪ ܡܫܬܒܚܝܢ ܐܢܬܘܢ ܕܐܬܬܒܘܢ ܒܡܟܠܝܘܬܐ ܬܫܬܕܘܢ ܡܢ ܦܓܪܗ. ⁘ ܗܟܢܐ ܓܝܪ ܐܡܪܐ ܢܒܝܘܬܐ

ܗ̇ܝ ܡܫܝܚܘܬܐ̇ ܒܟܠ. ܗܐ ܓܝܪ ܐܢܐ ܐܦܝܣ ܠܟܘܢ ܡܠܬܐ ܕܢܥܡܬܐ ܕܝܠܝ. ܐܠܦܟܘܢ ܕܝܢ ܡܠܬܝ. ܡܛܠ ܒܢܬ ܕܦܘܪܢܐ ܗܘܝܬ ܘܠܐ ܥܒܕܝܢ ܗܘܝܬܘܢ. ܘܐܦ ܡܫܬܝܐ ܗܘܝܬ ܡ̈ܠܝ ܘܠܐ ܢܛܪܝܢ ܗܘܝܬܘܢ. ܐܠܐ ܡ̈ܠܠܬܐ ܥܒܕܝܢ ܗܘܝܬܘܢ ܠܡ̈ܦܩܬܐ ܕܝܠܝ. ܠܡ̈ܫܡܥܘܬܐ ܕܝܢ ܕܝܠܝ ܠܐ ܐܬܬܦܝܣܬܘܢ. ܡܛܠ ܗܕܐ ܗܟܝܠ ܐܦ ܐܢܐ. ܡ̈ܦܝܣ ܥܠ ܐܒܕܢܐ ܕܝܠܟܘܢ. ܐܚܕܐ ܕܝܢ ܥܠܝܟܘܢ ܐܝܟ ܢܐܬܐ ܐܒܕܢܐ ܕܝܠܟܘܢ. ܘܐܝܟ ܗܘ ܕܡܥܒܪ ܢܐܬܐ ܠܟܘܢ ܥ̈ܩܬܐ: ܗܦܟܝܢܐ ܕܝܢ ܕܕ̈ܘܟܐ ܠܟܠܟܠܐ. ܐܘ ܐܡܬܝ ܕܢܐܬܐ ܠܟܘܢ ܐܘܠܨܢܐ ܘܫܘܥܢܩܐ ܕܐܝܟ ܥܪܒܐ. ܢܗܘܐ ܓܝܪ ܕܐܡܬܝ ܕܬܩܪܘܢܢܝ. ܐܢܐ ܕܝܢ ܠܐ ܐܥ̈ܢܝܟܘܢ. ܬܒܥܘܢ ܠܝ ܒ̈ܝܫܬܐ ܘܠܐ ܬܫܟܚܘܢܢܝ. ܣܢܘ ܓܝܪ ܚܟܡܬܐ. ܠܕܚܠܬܐ ܕܝܢ ܕܡܪܝܐ ܠܐ ܓܒܘ. ܘܠܐ ܨܒܘ ܕܢܨܬܘܬܘܢ ܠܡ̈ܠܟܝ ܕܝܠܝ. ܡܒܙܚܘ ܕܝܢ ܒܡܟܘܣܢܘܬܝ. ܡܛܠ ܗܢܐ ܢܐܟܠܘܢ ܦܐ̈ܪܐ ܕܐܘܪܚܐ ܕܝܠܗܘܢ. ܘܡܢ ܪ̈ܫܝܥܘܬܐ ܕܝܠܗܘܢ ܢܣܒܥܘܢ. ܚܠܦ ܓܝܪ ܗܠܝܢ ܕܡ̈ܚܘܠܝܢ ܗܘܘ ܒܥ̈ܠܝܡܐ ܢܬܩܛܠܘܢ. ܘܒܘܚܢܐ ܕܪ̈ܫܝܥܐ ܢܘܒܕ ܠܗܘܢ. ܗܘ ܕܝܢ ܕܠܝ ܫܡܥ. ܢܫܪܐ ܥܠ ܣܒܪܐ ܒܗ ܬܟܝܠ. ܘܢܫܠܐ ܕܠܐ ܕܚܠܬܐ ܕܡܢ ܟܠ ܒܝܫܬܐ. ܂

[LVIII.] ܒܢܝ ܫܡܥܘ ܗܕܐ ܘܒܢܝܢܐ ܐܚ̈ܝ ܠܥܡܗ ܡܕܡܐ ܘܡܫܬܟܚܐ: ܒܪ ܚܪܘܣܝܢ ܡܢ ܬܪ̈ܥܝܐ ܗܠܝܢ ܕܒܪ ܫܒܝܚܘܬܐ ܦܪܝܩܘ ܐܬܐܡܪܘ ܠܠܐ ܡܬܬܦܬܚܝܢ. ܐܝܟܢܐ ܕܢܬܪܐ ܒܪ ܬܒܠܝܢ ܥܠ ܥܒܕܐ ܗܘ ܫܦܝܪܐ ܕܪܚܡܬܗ. ܦܓܠܘ ܡܠܒܟܐ ܕܝܠܝ ܐܬܝܒ. ܘܢܗܘܐ ܠܟܘܢ ܕܠܐ ܡܬܬܙܝܥܘܬܐ. ܚܝ ܗܘ ܓܝܪ ܐܠܗܐ: ܘܚܝ ܡܪܝ ܢܦܫܝ ܡܫܝܚܐ ܘܪܘܚܐ ܡܕܡܟܐ: ܗܝܡܢܘܬܐ ܒܝܬ

ܘܣܒܪܐ ܕܓ̈ܒܝܐ. ܕܗܘ ܕܥܒܕ ܒܡܟܝܟܘܬ ܬܪܥܝܬܐ ܟܕ ܢܝܚܘܬܐ ܥܪܝܪܬܐ ܠܐ ܡܬܬܘܝܢܘܬ: ܕܦ̈ܘܩܕܢܐ ܗܠܝܢ ܕܝܗܝܒܝܢ ܡܢ ܐܠܗܐ. ܗܢܐ. ܒܡܢܝܢܐ ܕܦܪ̈ܝܩܐ ܕܡܬܦܪܩܝܢ ܢܬܦܩܕ ܘܢܬܡܢܐ: ܒܝܕ ܝܫܘܥ ܡܫܝܚܐ. ܗܘ ܕܒܐܝܕܘܗܝ ܠܗ ܐܝܬܝܗ ܬܫܒܘܚܬܐ. ܠܥܠܡ̈ܐ ܕܥܠܡ̈ܐ

ܢܛ ܐܡܝܢ. ܩܒܠܘ ܕܝܢ ܡܠܟܢ ܕܠܐ̄. ܕܟܠܗ ܡܬܬܘܝܬܐ. ܐܢ ܕܝܢ

[LIX.] ܐܢܫ̈ܝܢ ܠܐ ܢܬܬܦܝܣܘܢ ܠܗܠܝܢ ܕܡܢܗ ܒܐܝܕܝܢ ܐܬܐܡܪ̈ܢ. ܢܕܥܘܢ ܕܒܡܣܟܠܘܬܐ ܘܒܣܘܪܚܢܐ ܕܠܐ ܙܥܘܪ ܗܘܘ ܠܗܘܢ ܢܐܣܪܘܢ. ܚܢܢ ܕܝܢ. ܕܟܝܐ ܢܗܘܐ ܡܢ ܗܕܐ ܚܛܝܬܐ. ܘܢܫܐܠ ܒܝܕ ܬܟܫܦܬܐ ܘܒܥܘܬܐ ܡܬܚܦܛܬܐ ܚܕܝܢ. ܐܝܟܢܐ ܕܠܡܢܝܢܐ ܕܓ̈ܒܝܐ ܕܗܘ ܕܡܢܝܐ ܒܟܠܗ ܥܠܡܐ. ܢܛܪܝܘܗܝ ܕܠܐ ܒܨܝܪ ܐܠܗܐ ܒܪܘܝܐ ܕܟܠ: ܒܝܕ ܒܪܗ ܚܒܝܒܐ ܝܫܘܥ ܡܫܝܚܐ ܡܪܢ. ܗܘ ܕܒܐܝܕܘܗܝ ܩܪܢ ܡܢ ܚܫܘܟܐ ܠܢܘܗܪܐ: ܘܡܢ ܠܐ ܝܕܥܬܐ ܠܡܫܘܕܥܘܬܐ ܕܬܫܒܘܚܬܐ ܕܫܡܗ: ܠܡܣܒܪܘ ܒܫܡܟ ܩܕܝܫܐ ܗܘ ܕܐܝܬܘܗܝ ܪܫܐ ܘܫܘܪܝܐ ܕܟܠܗ ܒܪܝܬܐ: ܟܕ ܦܬܚܬ ܥܝܢܐ ܕܠܒܘܬܢ ܠܘܬܟ ܗܘ ܕܝܚܝܕܝܘܗܝ ܠܗܘ ܕܒܠܚܘܕܘܗܝ ܡܪܝܡܐ ܒܡܪ̈ܘܡܐ: ܘܩܕܝܫܐ ܕܒܩ̈ܕܝܫܐ ܡܬܬܢܝܚ: ܗܘ ܕܡܡܟܟ ܡܫܥܠܘܬܐ ܕܫܒܗܪ̈ܢܐ: ܗܘ ܕܡܦܠܓ ܚܘܫ̈ܒܐ ܕܥܡ̈ܡܐ: ܗܘ ܕܥܒܕ ܡܟܝ̈ܟܐ ܠܪܘܡܐ ܘܠܪ̈ܡܐ ܡܡܟܟ: ܗܘ ܕܡܥܬܪ ܘܡܡܣܟܢ: ܗܘ ܕܩܛܠ ܘܡܚܐ ܘܡܚܝܐ: ܗܘ ܕܒܠܚܘܕܘܗܝ ܡܥܒܕܢܐ ܕܪ̈ܘܚܬܐ ܘܐܠܗܐ ܕܟܠ ܒܣܪ: ܗܘ ܕܚܐܪ ܒܬܗܘ̈ܡܐ: ܗܘ ܕܚܙܐ ܕܥ̈ܒܕܐ ܐܢܫ̈ܝܐ: ܗܘ ܡܥܕܪܢܐ ܕܗܢܘܢ ܕܡܬܐܠܨܝܢ: ܗܘ ܦܪܘܩܐ ܕܗܠܝܢ ܕܦܣܩܘ. ܠܗܘܢ

11 Cod. ܚܕ̈ܝܢ

ܣܒܪܐ ܕܟܠ ܢܦܫܗܘܢ: ܗܘ ܒܪܘܝܐ ܘܦܩܘܕܐ ܕܟܠ ܪܘܚܐ: ܗܘ ܕܡܣܓܐ ܥ̈ܡܡܐ ܥܠ ܐܪܥܐ: ܘܡܢ ܟܠܗܘܢ ܓܒܐ ܠܗ ܠܗܢܘܢ ܕܐܚܒܘܗܝ ܒܝܕ ܝܫܘܥ ܡܫܝܚܐ ܒܪܗ ܚܒܝܒܐ: ܗܘ ܕܒܐܝ̈ܕܘܗܝ ܪܕܢ ܘܩܕܫܢ ܘܝܩܪ ܠܢ. ܘܐܢܚܢ ܠܘܬܗ ܒܥܢ ܒܬܟܫܦܬܐ. ܡܬܟܫܦܝܢ ܠܟ ܡܪܢܐ ܐܠܗܢ. ܕܬܗܘܐ ܡܥܕܪܢܐ ܘܡܥܘܕܪܢܐ ܕܝܠܢ. ܠܐܝܠܝܢ ܕܒܐܘܠܨܢܐ ܫܘܒ. ܠܐܝܠܝܢ ܕܢܦܝܠܝܢ ܐܩܝܡ. ܥܠ ܐܝܠܝܢ ܕܡܬܡܟܟܝܢ ܐܬܚܢܢ. ܠܚ̈ܣܝܪܐ ܐܬܚܙܐ. ܠܐܝܠܝܢ ܕܡܢ ܒܪܐ ܕܝܠܟ ܕܡܪ̈ܥܝܢ ܐܣܝܐ. ܦܢܝ ܠܐܝܠܝܢ ܕܛܥܝܢ. ܦܪܘܩ ܠܐܣܝ̈ܪܐ ܕܝܠܢ. ܐܩܝܡ ܠܐܝܠܝܢ ܕܡܚܝܠܝܢ. ܒܝܐ ܠܐܝܠܝܢ ܕܐܬܟܪܝܘ ܒܟܪܝܘܬ ܢܦܫܐ. ܢܕܥܘܢ ܟܠܗܘܢ ܥ̈ܡܡܐ. ܕܐܢܬ ܐܢܬܝ ܐܠܗܐ ܒܠܚܘܕܝܟ. ܘܝܫܘܥ ܡܫܝܚܐ ܒܪܟ ܚܒܝܒܐ. ܘܚܢܢ ܥܡܐ ܕܝܠܟ ܘܥܢܐ ܕܡܪܥܝܬܟ.

[LX.] ܐܢܬ ܓܝܪ ܠܩܘܝܡܐ ܐܡܝܢܐ ܕܥܠܡܐ ܗܢܐ ܒܝܕ ܗܠܝܢ ܕܡܬܬ̈ܥܒܕܢ ܒܗ ܓܠܝܐ ܥܒܕܬ. ܐܢܬ ܡܪܝܐ ܠܡܬܥܡܪܢܘܬܐ ܒܪܝܬ: ܗܘ ܡܗܝܡܢܐ ܒܟܠ ܕܪ̈ܝܢ: ܙܕܝܩܐ ܒܕ̈ܝܢܐ: ܬܡܝܗܐ ܒܚܝܠܐ ܘܒܪܒܘܬ ܦܐܝܘܬܐ: ܚܟܝܡܐ ܒܗܝ ܕܒܪܐ: ܘܣܟܘܠܬܢܐ ܒܗܝ ܕܗܠܝܢ ܕܗ̈ܘܝ ܢܨܒ. ܗܘ ܕܐܝܬܝܟ ܛܒܐ ܒܗܠܝܢ ܕܡܬܚ̈ܙܝܢ: ܘܡܗܝܡܢܐ ܒܗܠܝܢ ܕܬܟܝܠܝܢ ܥܠܝܟ. ܡܪܚܡܢܐ ܘܢܝܚܢܐ. ܫܒܘܩ ܠܢ ܠܥ̈ܘܠܘܬܐ ܕܝܠܢ ܘܚ̈ܛܗܝܢ. ܘܣܟ̈ܠܘܬܢ ܘܡܫ̈ܠܝܘܬܢ. ܠܐ ܬܚܫܘܒ ܠܢ ܚܛܝܬܐ ܕܥ̈ܒܕܝܟ ܘܕܐܡ̈ܗܬܟ. ܐܠܐ ܕܟܐ ܠܢ ܕܘܟܝܐ ܕܫܪܪܐ ܕܝܠܟ. ܘܐܬܩܢ ܗ̈ܠܟܬܢ ܠܡܗܠܟܘ ܒܚܣܝܘܬܐ ܘܒܬܡܝܡܘܬܐ ܘܒܫܦܝܘܬܐ ܕܠܒܐ. ܘܕܢܥܒܕ ܛܒ̈ܬܐ ܘܗܠܝܢ ܕܫܦܪ̈ܢ ܩܕܡܝܟ ܘܩܕܡ ܪ̈ܫܢܐ

4 Cod. ܪܕܝܢ.

ܕܝܠܢ. ܐܝܢ ܡܪܝܐ ܐܢܗܪ ܦܪܨܘܦܐ ܕܝܠܟ ܥܠܝܢ ܠܛܒ̈ܬܐ ܕܫܝܢܐ. ܠܘܬ ܗܝ ܕܢܬܛܫܐ ܬܚܝܬ ܐܝܕܐ ܕܝܠܟ ܐܚܝܕܬܐ. ܘܕܬܦܨܢ ܡܢ ܟܠ ܚܛܝܬܐ ܒܕܪܥܟ ܪܡܐ. ܘܦܪܘܩ ܠܢ ܡܢ ܗܢܘܢ ܕܣܢܝܢ ܠܢ ܒܥܘܠܐܝܬ. ܗܒ ܐܘܝܘܬܐ ܘܫܝܢܐ. ܠܢ ܚܢܢ ܘܠܟܠܗܘܢ ܗܢܘܢ ܕܥܡܪܝܢ ܥܠ ܐܪܥܐ. ܐܝܟܢܐ ܕܝܗܒܬ ܠܐܒ̈ܗܬܐ ܕܝܠܢ ܟܕ ܩܪܝܢ ܗܘܘ ܠܟ ܚܣܝܐܝܬ ܒܗܝܡܢܘܬܐ: ܘܒܫܪܪܐ ܗܘܘ ܡܫܬܡ̈ܥܢܐ ܠܫܡܟ

[LXI.] ܡܫܒܚܐ ܘܐܚܝܕ ܟܠ. ܘܠܫ̈ܠܝܛܢܐ ܘܠܡܕܒܪ̈ܢܐ ܕܝܠܢ ܕܥܠ ܐܪܥܐ. ܐܢܬ ܡܪܝܐ ܕܟܠ ܝܗܒܬ ܠܗܘܢ ܫܘܠܛܢܐ ܕܡܠܟܘܬܐ: ܒܝܕ ܐܘܚܕܢܟ ܦܐܝܐ ܒܪܒܘܬܐ ܘܠܐ ܡܬܡܠܠܢܐ: ܠܘܬ ܗܝ ܕܟܕ ܢܕܥܝܢ ܫܘܒܚܐ ܘܐܝܩܪܐ ܕܝܗܝܒ ܠܗܘܢ ܡܢܟ ܢܫܬܥܒܕ ܠܗܘܢ: ܟܕ ܠܐ ܡܕܡ ܦܠܚܝܢ ܣܩܘܒܠܐܝܬ ܠܨܒܝܢܟ. ܠܗܢܘܢ ܕܡܦܣܝܢ ܕܬܬܠ ܡܪܝܐ. ܚܘܠܡܢܐ. ܫܝܢܐ. ܐܘܝܘܬܐ. ܫܦܝܪܘܬ ܡܘܩܡܐ. ܠܘܬ ܗܝ ܕܢܕܒܪܘܢ ܕܠܐ ܬܘܩܠܬܐ: ܪܫܢܘܬܐ ܗܝ ܕܐܬܝܗܒܬ ܠܗܘܢ ܡܢܟ. ܐܢܬ ܓܝܪ ܡܪܝܐ ܫܡܝܢܐ ܡܠܟܐ ܕܥܠܡ̈ܐ ܝܗܒ ܐܢܬ ܠܒܢ̈ܝ ܐܢܫܐ: ܫܘܒܚܐ ܘܐܝܩܪܐ ܘܫܘܠܛܢܐ ܕܥܠܝܢ ܕܐܝܬܝܗܘܢ ܥܠ ܐܪܥܐ. ܐܢܬ ܡܪܝܐ ܐܬܩܢ ܬܪܥܝܬܐ ܕܝܠܗܘܢ. ܠܘܬ ܗܝ ܕܫܦܝܪܐ ܘܡܩܒܠܐ ܩܕܡܝܟ. ܐܝܟܢܐ ܕܟܕ ܡܕܒܪܝܢ ܒܫܝܢܐ ܘܒܢܝܚܘܬܐ ܥܡ ܫܦܝܪܘܬ ܕܚܠܬܐ ܫܘܠܛܢܐ ܗܘ ܕܝܗܝܒ ܠܗܘܢ ܡܢܟ: ܡܪܚܡܢܘܬܟ ܢܫܟܚܘܢ ܠܡܕܪܟܐ ܕܡܢܟ: ܗܘ ܕܒܠܚܘܕܝܟ ܐܝܬܝܟ ܚܝܠܬܢܐ ܠܡܥܒܕ ܗܠܝܢ: ܘܬܘܒ ܝܬܝܪܬܐ ܛܒ̈ܬܐ ܥܡܢ. ܠܟ ܡܘܕܝܢ ܚܢܢ ܒܝܕ ܪܒܟܘܡܪ̈ܐ ܘܡܩܝܡܢܐ ܕܢܦܫ̈ܬܐ ܕܝܠܢ ܝܫܘܥ ܡܫܝܚܐ. ܕܒܐܝܕܘܗܝ ܠܟ ܬܫܒܘܚܬܐ ܘܪܒܘܬܐ. ܗܫܐ ܘܠܕܪܐ

26 Cod. ܠܗܒܘ̇.

ܦ̱ ܕܕܪ̈ܝܢ. ܘܠܥܠܡܐ ܕܥܠܡܐ. ܐܡܝܢ. ܡܢܝܚܐ ܕܝܢ ܒܟܬܒܐ

[LXII.] ܕܠܒ ܕܒܬܪ ܡܢܟܬܒܬܐ. ܡܛܠ ܗܠܝܢ ܗܟܝܠ ܕܢܦܩܘ ܠܡܠܬܐ ܕܠܝ: ܘܡܛܠ ܗܠܝܢ ܒܟܠ ܕܒܗ ܕܐܬܬܣܝܡ ܥܬܝܕ ܒܡܬܪ̈ܥܝܬܐ: ܠܫܘܝܘ ܕܢܦܫܝܢ ܠܡܬܪ̈ܝܨܘ ܕܡܟܪܐ ܕܡܬܬܪܬܐ ܘܡܫܪܘܬ ܕܥܠܬܐ ܘܕܡܣܬܒܪܢ. ܦܫܝܩܐܝܬ ܒܬܒܝܢ ܠܗܘܢ ܒܢܝ̈ܐ ܐܢܫ. ܡܛܠ ܒܪ ܗܡܢܘܬܐ ܘܬܒܘܬܐ ܘܫܘܒܚܐ ܕܒܢܐ: ܘܥܠ ܒܢܘܬܐ ܘܡܦܣܘܬܐ ܘܡܫܒܒܪ̈ܘܬܐ. ܥܠ ܕܡܒܬܐ ܕܒܬܒܐ ܒܦܢܝܢ ܒܗ ܢ̈ܟܣܝܢ. ܕܢܗܘܢ ܠܗܘܢ ܕܬܬܩܪܘܢ ܠܐܠܗܐ ܐܝܟ ܥܠ ܒܕܡܘܬܐ ܘܒܥܘܪ̈ܐ ܘܒܠܝܢܘܬ ܪܘܚܐ ܚܫܝܫܘܬ: ܒܗ ܐܝܬ ܠܗܘܢ ܐܘܡܬܐ ܒܡ ܫܪ̈ܒܐ ܕܠܐ ܐܒܬܐ: ܒܫܘܒܐ ܘܒܕܝܢܐ ܒܡ ܢܡܘܣܐ ܡܬܚܫܬܐ. ܐܝܟܢܐ ܕܐܡܝܢܬ ܗܠܝܢ ܕܦܪܝܘ ܐܫܬܘܕܥܘ ܣܦܪܘ ܠܐܠܗܐ: ܒܗ ܡܬ̈ܪܝܢ ܬ̈ܟܝܒܬܐ: ܗܠܝܢ ܕܠܘܬ ܐܒܐ ܘܒܪܘܚܐ ܕܥܠ ܐܠܗܐ: ܘܠܘܬ ܥܠܡܘ ܫ̈ܒܝܚܐ. ܀ ܘܗܠܝܢ ܥܠܡ ܗܢܐ ܢܗܘܘܢ ܒܗ ܗܠܝܢ ܕܐܬܒܕܩܝ. ܡܛܠ ܒܗ ܕܥܠܝܡܬ ܐܝܬ ܠܗܘܢ. ܘܕܡ ܗܘܐ ܟܡ ܒܪ ܕܝܬܘܒ. ܠܒܢܝ̈ܐ ܡܫܡܫܢܐ ܘܬܠܡܝܕܐ: ܘܕܒܕܘ ܠܗܘܢ ܒܟܬܒܐ ܕܡܬܕܪܬܐ ܕܐܠܗܐ . . .

[LXIII.] ܕܘܪܫܐ ܗܟܝܠ ܐܬܬܢܝ: ܕܒܗ ܠܬܫܥܝܬܐ ܕܐܝܟܢ ܗܠܝܢ ܘܕܥܠܡ ܗܢܐ ܐܬܦܪܫܘ. ܢܦܩ ܨܘܪܬ ܘܐܫܬܒܒܘ: ܘܒܗ ܕܡܒܬܐ ܕܡܫܬܡܫܢܘܬܐ ܡܬܥܠܝܢ: ܢܬܪܡ ܠܫܘܝܘ ܕܐܬܬܗܘܢ ܡܕܒܪܢܐ ܕܦܫܝܬ. ܐܝܟܢܐ ܕܒܗ ܥܠܝܢ ܘܢܚܫܝܢ ܡܢ ܥܘܩܒܢܐ ܦܪܘܫܝ. ܠܘܬ ܢܫܫܐ ܗܘ ܕܫܒܩ ܠܝ ܒܫܪܪܐ: ܦܠܓ ܡܢ ܟܠ ܡܕܡܢܐ ܘܒܥܠܬܐ ܢܬܒܢ. ܫܪܝܬܐ ܒܪ ܘܪܘܚܐ ܪܒܐ ܬܫܥܝܬܗܘܢ ܠܝ: ܐܝܟܢܐ ܕܒܗ

4 Cod. : ܡܬܪ̈ܥܝܬܐ.

8 Cod. | ܘܡܫܒܪ̈ܘ.

ܗܘܘ ܐܢܬܘܢ ܡܫܬܘܕܥܢܐ ܠܗܠܝܢ ܕܡܢ ܐܬܦܠܓܬ ܠܟܘܢ ܟܕ ܪܘܚܐ ܩܕܝܫܐ: ܬܦܣܩܘܢ ܠܪܘܓܙܐ ܗܘ ܕܕܠܐ ܢܗܘܐ. ܕܦܠܓܢܐ ܕܠܒܟܘܢ܆ ܐܝܟ ܬܒܥܬܐ ܘܦܢܝܬܐ ܗܝ ܕܒܕܝܢ ܡܛܠ ܥܢܝܐ ܘܐܘܠܨܢܐ ܒܗܕܐ ܐܓܪܬܐ. ܫܕܪܝܢ ܕܝܢ ܐܦ ܟܬܒ̈ܐ ܡܗܝ̈ܡܢܐ ܘܡܦܩܢܐ: ܕܡܢ ܦܠܝܛܘܬܗܘܢ ܕܒܟܐ ܠܡܫܒܘܬܗܘܢ ܕܠܐ ܒܕܠ ܡܬܕܪ̈ܫ ܠܗܘܢ ܒܝܬܢ. ܗܢܘܢ ܒܝܬ ܕܐܦ ܫ̈ܘܕܐ ܢܗܘܘܢ ܒܝܬ ܠܟܘܢ ܘܠܝ. ܗܕܐ ܕܝܢ ܒܒܕܝܢ: ܐܝܟܢܐ ܕܬܕܒܟܘܢ: ܕܟܠܗ ܣܢܩܘܬܐ· ܘܗܘܝܬ ܠܝ ܘܐܬܬܢܝܚ. ܠܘܬ ܗܢܝ ܕܟܬܒܬ

[LXIV.] ܬܫܬܥܝܬܟܘܢ. ܀ ܫܪܒܐ ܕܝܢ. ܐܠܗܐ ܗܘ ܢܛܪܐ ܕܟܠ ܪܒܘ̈ܬܐ: ܘܡܪܢܐ ܕܟܠ ܒܣܪ: ܗܘ ܕܓܒܐ ܠܟ̈ܘܢ ܥܡܗ ܡܫܝܚܐ ܘܠܝ ܒܐܝܕܘܗܝ ܠܥܡܐ ܡܝܬܪܬܐ ܘܢܨܚܢܐ. ܢܬܠ ܠܟܠ ܢܦܫܐ ܕܩܪܝܐ ܠܫܡܗ ܩܕܝܫܐ ܘܦܝܐܐ ܚܪܡܘܬܐ ܘܡܫܥܒܕܢܘܬܐ. ܗܝܡܢܘܬܐ ܘܕܚܠܬܐ ܘܥܢܘܝܐ ܘܐܘܝܘܬܐ ܘܫܦܝܐ. ܘܡܣܝܒܪܢܘܬܐ ܘܢܓܝܪܘܬ ܪܘܚܐ. ܘܡܟܝܟܘܬܐ ܘܕܟܝܘܬܐ ܘܢܟܦܘܬܐ. ܠܘܬ ܗܢܝ ܕܫܦܪܐ ܠܫܡܗ ܩܕܝܫܐ. ܟܕ ܪܫ ܒܗ̈ܢܐ ܪܒܐ ܘܩܐܡ ܩ̈ܐܡܐ ܗܘ ܕܠܝ ܥܡܗ. ܡܫܝܚܐ. ܕܒܐܝܕܘܗܝ ܠܗ ܟܠ ܬܫܒܘܚܬܐ

[LXV.] ܠܥܠܡ̈ܐ ܕܥ̈ܠܡܝܢ. ܐܡܝܢ. ܀ ܠܗ̇ܢܘܢ ܕܝܢ ܕܐܫܬܕܪܘ ܡܢܢ: ܩܠܐܘܕܝܘܣ: ܐܦܝܒܘܣ: ܘܐܠܟܪܝܘܣ ܥܡ ܦܘܪܛܘܢܛܘܣ܆ ܒܫܝܢܐ ܥܡ ܚܕܘܬܐ ܒܥܓܠ ܐܗܦܟܘ ܫܕܪܘ ܠܘܬܢ: ܐܝܟܢܐ ܕܥܠܠܐܝܬ ܢܘܕܥܘܢ ܠܢ ܥܠ ܐܘܝܘܬܐ ܘܫܝܢܐ ܗܘ ܕܐܝܬ ܠܢ ܘܡܫܘܬܦܘܬܐ ܡܢܢ ܥܡ ܓܠܘܬܐ: ܠܘܬ ܗܢܝ ܕܐܦ ܚܢܢ ܩܠܝܠܐܝܬ ܢܚܕܐ ܒܟܠ ܫܦܝܪܬ ܘܡܠܟܐ ܕܠܒܟܘܢ.. ܠܛܝܒܘܬܗ ܕܡܪܢ ܝܫܘܥ

15 Cod. ܢܘ̈ܠ | ܘܡܣܝܒܪܢ.

ܝ ܐܓܪܬܐ ܘܡܙܗܪܢܘܬܐ ܕܩܠܝܡܝܣ ܠܘܬ ܩܘܪ̈ܝܢܬܝܐ.

ܡܫܝܚܐ ܬܗܘܐ ܥܡܟܘܢ. ܘܥܡ ܟܠܗܘܢ ܗܢܘܢ ܕܡܠܕܘܢ ܡܢܗ ܡܢ ܐܠܗܐ ܘܒܐܝ̈ܕܘܗܝ. ܕܒܐܝ̈ܕܘܗܝ ܠܗ ܬܫܒܘܚܬܐ ܠܥܠܡ̈ܐ ܕܥܠܡ̈ܐ ܐܡܝܢ. ܫܠܡܬ ܐܓܪܬܐ ܘܡܙܗܪܢܘܬܐ ܕܩܠܝܡܝܣ. ܕܐܬܟܬܒܬ ܡܢܗ ܠܘܬ ܩܘܪ̈ܝܢܬܝܐ ܡܢ ܪܗܘܡܝ.

2 Cod. | ܘܒܐܝ̈ܕܘܗܝ.
3 Cod. ܠܥܠܡܐ.

ܐܓܪܬܐ ܕܬܪܬܝܢ ܕܩܠܝܡܝܣ

ܕܠܘܬ ܒܬܘܠܬܐ.

ܕܝܠܗ ܕܗ̣ ܕܝܠܗ ܐܓܪܬܐ ܕܬܪܬܝܢ ܠܘܬ ܒܬܘܠܬܐ . .

[I.] ܩܢܝܐ ܕܠܒܬ ܐܠܗܐ. ܐܚܝ̈. ܡܛܠܐ ܕܗܢ ܠܝ ܠܡܬܒܪܘ ܡܛܠ ܫܡܥ ܡܫܝܚܐ. ܐܝܟ ܕܡܛܠ ܐܠܗܐ. ܐܝܟ ܕܡܛܠ ܕܝܢܐ ܕܥܬܝܕ ܘܕܬܫܒܘܚܬܐ. ܘܠܐ ܕܗܢ ܠܝ ܕܕܡܘܬܐ ܠܬܪܒܐ ܡܛܠ ܦܘܪܩܢܐ ܕܝܠܢ. ܒܗܘ ܓܝܪ ܕܠܬܪܒܐ ܘܕܡܘܬܐ ܡܛܠܬܗ: ܘܕܡܘܬܐ ܐܦ ܡܫܒܚܝܢ ܕܢܦܠ. ܘܩܪܝܢ ܕܫܡܥܝܢ ܐܝܟ ܕܡܛܠ ܘܕܡܘܬܐ ܚܠܝܢ. ܘܚܝܢ ܚܠܝܢ. ܕܠܐ ܢܕܥܝܢ ܡܢ ܐܝܢܐ ܐܬܩܪܝܢ ܘܡܢ ܡܢܘ ܘܠܐܝܢܐ ܕܘܟܬܐ: ܘܟܡܐ ܚܫܝܢ ܫܡܥ ܡܫܝܚܐ ܠܡܣܒܠ ܚܠܦܝܢ. ܐܝܢܐ ܗܟܝܠ ܦܘܪܥܢ ܐܓܪܐ ܢܬܠ ܠܗ ܚܢܢ. ܐܘ ܐܝܠܝܢ ܦܐܪܐ ܢܦܪܥ ܠܗ ܕܝܗܒ: ܚܠܦ ܗܠܝܢ ܕܗܘ ܝܗܒ ܠܢ. ܟܡܐ ܓܝܪ ܛܝܒܘܬܐ ܚܝܒܝܢ ܠܗ. ܢܘܗܪܐ ܓܝܪ ܝܗܒ ܠܢ. ܐܝܟ ܐܒܐ ܒܢܝܐ ܩܪܐ ܠܢ. ܟܕ ܐܒܝܕܝܢ ܗܘܝܢ. ܦܪܩ ܠܢ. ܐܝܢܐ ܩܘܠܣܐ ܢܬܠ ܠܗ ܐܘ ܐܓܪܐ ܚܠܦ ܦܘܪܥܢ ܐܓܪܐ ܕܗܠܝܢ ܕܩܒܠܢ: ܟܕ ܦܟܝܪܐ ܐܝܬܝܢ ܗܘܝܢ ܒܬܪܥܝܬܐ: ܟܕ ܣܓܕܝܢ ܗܘܝܢ ܠܟܐܦܐ ܘܠܩܝܣܐ: ܠܕܗܒܐ ܘܠܣܐܡܐ ܘܠܢܚܫܐ ܥܒܕܐ ܕܐܢܫܐ: ܘܟܠܝܢ

14 Cod. | ܦܘ̄.

ܟܠܗܘܢ ܘܠܐ ܡܕܡ ܐܚܪܝܢ ܐܬܚܙܝܘܢ ܗܘܘ: ܐܠܐ ܐܢ ܡܘܬܐ. ܟܕ ܡܫܟܠ ܗܘ ܟܠܗ ܫܘܒܚܬܐ ܡܬܟܠܝܢ ܗܘܘ ܘܡܢ ܕܐܝܟܢ ܗܕܐ ܒܪܘܠܐ ܡܟܠܝܢ ܗܘܘ ܒܚܙܝܒ. ܬܠܝܢ ܣܦܪ̈ܝ ܠܟܠ: ܟܕ ܝܕܥܝܢ ܡܢܝܢ ܒܢܝܐ ܗܘ ܕܢܬܒܠܥܝܢ ܗܘܘ ܒܪܚܡܬܐ ܕܠܗ. ܙܢܝܘ ܒܬܪ ܟܠܗܝܢ. ܘܟܕ ܟܠܗ ܙ̈ܩܝܦܘܗܝ ܘܐܫܟ ܟܠܗܝ. ܦܪܘܩ ܠܝ ܟܕ ܢܦܩܐ ܒܝ ܗܘ ܟܠܗ ܠܚܝܘܬܐ ܡܬܠܐܬܐ ܘܐܒܕܢܐ: ܘܕܐܦܠܐ ܚܕ ܡܢܗܘܢ ܕܡܘܪܘܢܐ ܐܝܬ ܠܝ: ܐܠܐ ܐܢ ܗܘ ܕܡܢ ܠܬܗ. ܦܪܐ ܠܝ ܕܝܢ ܟܕ ܠܐ ܐܬܝܢ ܗܘܘ. ܘܡܟܐ ܕܡܢ ܗܘ ܕܠܐ ܐܬܝܢ ܗܘܘ. ܢܗܘܐ ܐܬܝܢ. ܂:܂

[11.] ܫܡܥ ܒܬܪ ܐܚܪ̈ܢܐ ܒܡܪܬܐ ܗܘ ܕܠܐ ܝܠܕܬ. ܘܐܪܦܝ ܘܐܙܠ ܗܘ ܕܠܐ ܡܫܟܠܐ. ܡܛܠ ܕܩ̈ܛܝܠܝܢ ܒ̈ܢܝܗ ܕܝܘܠܕܐ ܡܬܪ ܡܢ ܒ̈ܢܝܗ ܕܗܘ ܕܐܝܬ ܠܗ ܒܥܠܐ. ܂:܂ ܗܘ ܕܐܡܪ ܕܫܡܥ ܒܡܪܬܐ ܗܘ ܕܠܐ ܝܠܕܬ ܠܝ ܐܡܪ. ܒܡܪܬܐ ܒܬܪ ܐܬܝܘܗܝ ܗܘܬ ܒܕܬܐ: ܡܕܡ ܕܢܬܡܚܘܢ ܠܗ ܒ̈ܢܝܐ. ܗܘ ܕܝܢ ܕܐܡܪ ܐܪܦܝ ܗܘ ܕܠܐ ܡܫܟܠܝ. ܗܕܐ ܗܝ ܕܐܡܪ̈. ܕܗܠܝܢ ܕܠܘܬ ܝ̈ܠܘܬܐ ܕܠܝ ܦܫܝܩܐܝܬ ܠܡܫܡܫ ܠܘܬ ܐܠܗܐ. ܠܐ ܐܝܟ ܗܘ ܕܫܒܠܐ ܬܡܢܐ ܠܝ. ܗܘ ܕܝܢ ܕܐܡܪ: ܕܩ̈ܛܝܠܝܢ ܒ̈ܢܝܗ ܕܝܘܠܕܐ ܡܬܪܐܝܬ ܐܘ ܕܗܘ ܕܐܝܬ ܠܗ ܒܥܠܐ. ܡܛܠ ܕܝܘܠܕܐ ܡܬܚܒܪܐ ܗܘܬ ܕܐܬܝܗ ܡܢ ܐܠܗܐ ܒܟܣܝܘܬܐ ܕܠܝ ܘܒܟܠܐ. ܗܟܢܐ ܕܝܢ ܕܗܢܟܝܢ. ܩ̈ܛܝܠܐ ܗܦܝܟ ܡܬܪ ܡܢ ܗܢܘܢ ܕܡܬܚܒܪܝܢ ܗܘܘ ܕܐܝܬ ܠܗܘܢ ܐܠܗܐ. ܂:܂ ܘܐܦ ܒܬܟܠܐ ܕܝܢ ܐܚܪܢܐ ܐܡܪ̈: ܕܠܐ ܐܬܬܐ ܕܐܦܪܐ ܠܙ̈ܦܝ. ܐܠܐ ܠܬܦܠܐ. ܗܕܐ ܐܡܪ̈. ܡܛܠ ܕܙܕܩ ܠܗܘܢ ܕܐܟܝܕܝܢ ܠܡܦܪܩ. ܗܘ ܒܬܪ ܐܬܝܘܗܝ ܙܒܬܐ ܘܡܬܟܫܦܬܐ. ܠܘ ܕܗܠܝܢ ܕܦ̈ܬܟܝ ܢܫܡܥܘܢ ܘܢܬܙܪܙ. ܐܠܐ ܗܠܝܢ ܕܬܦܠ. ܗܟܢܐ ܐܦ ܡܫܝܚܐ ܝܗܒ ܠܡܦܪܩ

ܠܗܠܝܢ ܕܐܒܕܝܢ. ܘܦܢܘ ܠܦܓܪ̈ܝܐܐ ܒܪ ܐܢܬܐ ܘܦܢܐ ܠܝ

[III.] ܕܡܢ ܒܪܗ ܐܒܕܝܢ ܗܘܝܢ. ܒܠܗ ܗܢܐ ܙܒܢܐ ܡܢ ܛܠܝܘܬܐ ܘܪܒܝܬ ܥܠܝ. ܘܡܫܬܐܠܬ ܡܢܝ: ܕܐܝܟ ܡܢܗܘܢ ܕܢܒܐܝܢ. ܠܬ̈ܠܡܐ ܣܒܝܬܐ ܠܐ ܡܫܒܚܝܢ. ܘܠܐ ܦܓܥܝܢ ܠܗܘܢ. ܒܬܪܝܢ ܕܝܢ. ܕܡܕܒܪܝܢ ܒܐܝ̈ܕܝܗܘܢ ܠܐܒܗܐ ܕܥܘܪ̈ܐ. ܐܝܕܐ ܗܝ ܕܝܢ ܡܕܒܪܬܐ ܕܠܘܬܗ. ܗܝ ܕܠܐ ܢܫܦܘܪ ܒܗܘ ܕܒܐܝ̈ܕܝܗܘܢ ܡܕܝܢܝܢ. ܐܡܪ ܕܝܢ ܐܦ ܗܘ: ܕܗܘ ܕܐܘܒܕ ܒܝ. ܐܝܟܢܐ ܒܗ ܐܦ ܐܢܐ ܡܢܟ ܐܒܕܐ. ܗܢܐ ܗܟܝܠ ܐܬܬܘܗܝ ܐܓܪܐ ܙܒܢ. ܐܝܟܢ ܕܚܘܕܝܢ ܒܗܘ ܕܒܐܝ̈ܕܝܗܘܢ ܐܬܦܪܩܝܢ. ܒܡܕܝܢܬܐ ܕܝܢ ܚܘܕܝܢ ܒܗ. ܒܗܝ ܕܒܙܒܢ ܗܠܝܢ ܕܐܡܪܬ ܘܠܐ ܢܬܡܢܐ ܘܢܫܬܒܩ ܦܘܪ̈ܫܢܗܘܢ ܒܪ ܚܘܕܝܢ ܘܠܐ ܚܘܕܝܢ ܠܗܘܢ. ܘܕܠܘ ܒܡܦܘܬܐ ܒܠܘܩܕ ܢܫܒܝܢ ܕܢܦܫܗܘܢ. ܐܠܐ ܡܢ ܒܠܗ ܠܒܝ. ܘܡܢ ܒܠܗ ܣܟܠ... ܐܡܪ ܓܝܪ ܐܦ ܒܐܬܒܢܝ. ܕܡܕܝܢܐ ܗܢܝ ܒܡܦܘܬܗ ܗܘ ܡܫܬܪ ܠܝ. ܠܒܐ ܕܝܢ ܕܠܗܘܢ ܠܚܘܫܒܐ ܐܬܦܘܗܝ ܡܢܝ.

[IV.] ܠܐ ܗܟܝܠ ܒܠܘܩܕ ܡܢܘܬܐ ܢܦܫܗܘܢ. ܠܘ ܓܝܪ ܗܕܐ ܦܘܬܐ ܠܝ. ܐܡܪ ܓܝܪ ܗܘ: ܕܠܘ ܒܠ ܕܐܡܪ ܠܝ ܡܪܝ ܡܪܝ ܢܬܦܘܩ. ܐܠܐ ܗܘ ܕܥܒܕ ܙܒܢܘܬܐ. ܐܝܟܢܐ ܕܒܕܝܢ ܐܚܝ. ܒܥܒ̈ܕܐ ܢܘܕܐ ܒܗ. ܒܗܝ ܕܢܬܒܥ ܠܡܪ̈ܕܝܢ ܐܝܟ ܕܠܢܦܫ. ܒܗܝ ܕܠܐ ܢܓܘܪ ܐܦܠܐ ܢܛܘܪ ܠܣܥܪ̈ܐ ܐܦܠܐ ܠܗ: ܐܠܐ ܢܦܩܐ ܢܗܘܐ ܐܝܬܝܢ: ܡܪ̈ܫܥܢܐ: ܛܒܥܐ. ܘܕܠܝܫ ܒܗܝ ܣܥܪ̈ܐ ܢܒܝܫܝܢ. ܘܕܠܐ ܢܗܘܐ ܪ̈ܫܝܢ ܒܚܦܐ. ܒܗܠܝܢ ܒܥ̈ܒܕܐ ܢܘܕܐ ܒܗ. ܘܠܘ ܒܗܠܝܢ ܕܠܡܦܠܐ. ܘܠܐ ܙܘ. ܠܝ ܕܡܢ ܒܢܝܫܐ ܢܕܝܠ ܡܬܢܐܬ. ܐܠܐ ܡܢ ܐܠܗܐ. ܡܬܠܗܝܒ ܒܪ ܗܠܝܢ ܦܠܪܢ ܐܡܪ

9 Cod. ܘܠܐ].

ܡܫܡܫ. ܕܐܝܟ ܬܗܘܘܢ ܐܝܬܝܟܘܢ ܕܒܝܫܝܢ ܒܟܠ ܒܢܫ.
ܒܗܕܐ: ܘܠܐ ܬܒܛܠܘܢ ܐܢܬܘܢ ܦܘܩܕܢܝ. ܐܦ
ܐܙܗܪܬܟܘܢ ܠܒܪ. ܘܐܡܪܬ ܠܟܘܢ. ܘܠܘ ܠܟܘܢ ܗܟܢ.. ܠܐ
ܢܗܘܐ ܐܢܐ ܠܟܘܢ ܡܢ ܐܢܫܐ ܐܝܬܝܟܘܢ ܦܬ̈ܠܐ
ܕܚܒܠܐ. ܩܪܝܢܐ ܕܝܢ ܒܟܬܒܐ ܕܠܟ ܕܒܬܪ ܩܝܡܬܐ.
[V.] ܡܢ ܗܪܟܐ ܐܚܝ ܕܝܢ ܢܚܡܝܢ ܠܡܬܠܐ ܕܚܠܡܐ ܗܢܐ.
ܢܒܟܕ ܢܨܪ ܕܗܘ ܕܚܙܐ ܠܗ. ܘܠܐ ܝܕܥ ܠܡܦܫܩ ܡܢ
ܚܠܡܐ ܗܢܐ. ܐܡܪ ܠܗ ܡܪܝ. ܬܗܘܘܢ ܐܝܟ
ܐܕܪܐ ܒܝܬ ܕܐܪ̈ܥܐ. ܟܕ ܕܝܢ ܓܒܐ ܦܐܦܪܘܣ ܐܡܪ
ܠܗ. ܐܝܟܢܐ ܗܟܝܠ ܕܫܬܩܘܢ ܐܝܟܢ ܕܐܕܪ̈ܐ ܠܐܕܪܐ.
ܐܡܪ ܢܫܒܚ ܠܦܪܘܣ. ܠܐ ܢܒܝܠܘܢ ܐܕܪ̈ܐ ܡܢ ܕܐܕܪ̈ܐ
ܡܢ ܟܬܪ ܕܚܛܝܬܐ. ܐܦ ܐܢܬܘܢ: ܠܐ ܬܕܝܠܘܢ ܡܢ
ܐܠܝܢ ܕܦܠܛܝܢ ܠܟܘܢ: ܘܠܐ ܡܢ ܡܥܡܝܢ ܠܡܥܒܕ
ܠܟܘܢ. ܐܠܐ ܕܫܠܘ: ܡܢ ܗܘ ܕܡܢ ܟܬܪ ܕܚܛܝܬܐ
ܐܢܬܘܢ: ܐܝܬ ܠܗ ܥܘܠܦܢܐ ܟܠ ܢܦܫܐ ܘܟܠ ܦܓܪܐ
ܠܡܪܢܘܗ ܐܢܘܢ ܒܚܘܒܐ. ܘܕܒܗ ܐܝܟ: ܕܡܡܪܝܪܐ
ܕܒܦܪܐ ܗܢܐ ܒܒܠܒܠܐ ܗܢܝ. ܘܒܪܐ ܐܝܬܘܗܝ.
ܘܒܗܪ ܘܒܢܐ. ܡܘܠܒܢܐ ܕܝܢ ܕܡܢܪ ܪܟܝ ܘܬܡܝܗܐ.
ܘܢܝܚܐ ܕܡܠܟܘܬܐ ܗܝ ܕܒܬܪܐ ܘܕܫܢܝܐ ܕܠܒܠܡ. ܡܢܝܐ
ܡܛܠ ܐܝܬܘܗܝ ܗܘ ܕܟܒܪ ܕܬܒܥܘܢ ܠܗܝܢ: ܐܠܐ
ܐܝܟ ܗܝ ܕܫܒܩܐܝܬ ܘܕܡܩܐܝܬ ܬܬܕܟܪܘܢ: ܘܕܗܠܝܢ
ܕܠܡܫܬܐ ܐܝܟ ܢܗܪܘܬܐ ܬܒܥܒܕܘܢ ܐܚܝ: ܘܠܐ
ܬܐܪܓܘܢ ܐܚܝ. ܟܕ ܚܙܐ ܢܘܪ ܠܡܫܬܐ ܗܠܝܢ. ܢܦܠܝܢ
[VI.] ܡܢ ܐܘܪܚܐ ܗܝ ܟܐܢܬܐ. ܀ ܐܡܪ ܠܢ ܐܦ ܡܪܢ:
ܕܠܐ ܐܢܫ ܒܥܒܕܐ ܐܝܬ ܕܡܫܟܚ ܠܬܪܝܢ ܡܪ̈ܘܢ ܢܦܠܘܚ.
ܒܥܒܕܘܬܐ. ܐܝܟܢܐ ܗܟܝܠ ܕܐܢܫ ܢܦܠܚ ܕܐܦ ܠܐܠܗܐ
ܢܦܠܘܚ ܒܥܒܕܘܬܐ ܘܐܦ ܠܡܡܘܢ. ܠܐ ܦܫܝܩܐ ܠܝ. ܗܟܢܐ

ܒܢ̈ܝ ܡܘܬܢܐ: ܐܦ ܐܢܫ ܠܗ ܗܢܐ ܥܠܡܐ ܢܐܬܪ: ܢܦܫܗ ܕܝܢ ܢܦܩ. ܐܝܬܘܗܝ ܕܝܢ ܗܢܐ ܥܠܡܐ ܘܗܘ ܕܒܬܪܗ: ܬܘܒ ܒܥܠܡ̈ܐ. ܗܢܐ ܐܡ̈ܪ ܒܝܬܐ ܘܫܒܝܚܬ ܒܫܦܝܪ ܘܡܦܠܚܢܘܬܐ. ܗܘ ܕܝܢ ܒܗܠܝܢ ܕܐܝܟ ܗܕܐ ܟܦܪ. ܠܐ ܗܘܠ ܡܗܝܡܢܝܢ ܕܬܪܝܨܗܘܢ ܢܗܘܐ ܐܢܬܝܢ ܙ̈ܕܝܩܐ. ܘܐܦ ܠܝ ܕܝܢ. ܕܒܪ ܒܗܢܐ ܟܦܪܝܢ. ܒܗܘ ܕܡܬܚܫܒ. ܡܟܪܙܝܢ ܕܝܢ ܐܚ̈ܝ: ܕܒܕܬܘܪܬܐ ܐܝܬܘܗܝ ܕܗܠܝܢ ܕܗܪܟܐ ܕܢܦܩܢ. ܡܛܠ ܕܕܒܪܬܐ ܐܝܬܝܗܘܢ ܘܒܬܪܬܗ ܕܒܢ̈ܝ ܘܡܬܬ̈ܟܠܢܘܬܐ. ܗܢܝܢ ܕܝܢ ܕܠܗܠ ܢܦܩ: ܡܛܠ ܕܠܐ ܡܬܚܫ̈ܠܢܘܬܐ ܐܝܬܝܗܘܢ. ܟܕ ܒܪܐ ܟܦܪܝܢ ܒܪܢܫܐ ܕܡܫܝܚܐ. ܢܥܒܕ ܢܚܝܬܐ ܕܬܗܘܐ. ܐܢܬܘܢ ܠܝ. ܘܠܐ ܡܕܡ ܢܦܩܐ ܡܢ ܬܫܒܘܚܬܐ ܕܠܥܠܡ: ܐܦ ܢܦܩ ܡܫܡܫܬܐ ܡܢ ܦܘܩ̈ܕܢܘܗܝ ܘܫܒܩ ܐܢܘܢ. ܐܡ̈ܪ ܒܪܐ ܐܦ ܚܘܒܐ ܕܢܘܡܘܣܐ: ܕܐܦ ܢܦܩܘܢ ܢܦܫ ܘܐܝܟ ܘܕܢܫܬܠ: ܠܐ ܢܦܩܘܢ ܩ̈ܝܡܘܢ ܒܥܒܕܘܬܐ. ܐܢܬܘܢ ܐܦ ܗܠܝܢ ܠܐ ܡܥܡܝܢ ܒܬܘܒܘܬܐ ܕܠܗܘܢ ܠܡܦܩܘ ܠܒ̈ܢܝ. ܚܢ ܐܦ ܠܐ ܢܐܪ ܠܡܥܡܕܘܬܐ ܗܘ ܕܢܦܩܝܢ ܕܚܝܬܐ ܘܕܠܐ ܦܠܓܝ. ܒܐܝܢܐ ܬܘܟܠܢܐ ܢܗܠ ܠܟܠܗܘܬܐ ܕܐܠܗܐ. ܐܘ ܟܦܘ ܢܗܘܐ ܡܦܫܩܢܐ ܫܠܝܡ: ܐܢܫܘ ܕܠܐ ܢܥܒܕ. ܕܐܝܬ ܠܝ

[VII.] ܟ̈ܕܒܐ ܫܦܝܪܐ ܘܟ̈ܐܢܐ. ܡܕܝܢ ܐܚ̈ܝ: ܢܬܒܥ. ܒܪ ܢܒܥܝܢ. ܕܟ̈ܐܢܝܢ ܐܝܬܘܗܝ ܐܟܘܬܐ. ܘܕܟ̈ܐܢܘܬܐ ܗܠܝܢ ܡܬܬܟܠܢ. ܡܣܒܪܐ ܡܬܬܬܝܢ ܒܗܘܢ. ܐܠܐ ܠܗ ܟܠܗܘܢ ܡܬܟܠܠܝܢ. ܐܠܐ ܐܦ ܗܢܘܢ ܟܠܢܫ ܕܡܬܢܐܬܐ ܒܟܠܗ ܘܦܓܪܗ ܐܬܬܟܫܘ. ܀ ܚܢ ܗܘܠ ܢܬܟܫ: ܐܝܟܢܐ ܕܟܠ ܢܬܟܠܠ. ܡܕܝܢ ܢܪܗܦ ܐܘܪܚܐ ܗܘ ܬܪܝܨܘܬܐ. ܐܟܘܬܐ ܗܘ ܠܐ ܡܬܚܠܢܐ. ܘܩܢܘܢܐ ܡܢ ܚܝܠܘܗܝ ܒܗ ܒܕܐܪܐ. ܢܬܟܫ: ܐܝܟܢܐ ܕܐܦ.

ܢܬܓܠܠ. ܘܐܢ ܠܐ ܡܬܚܫܒܝܢ ܕܥܠܝ ܢܬܓܠܠ. ܐܦ ܠܗܕܐ ܕܥܠܝܟ ܢܗܘܐ. ܕܢܕܥ ܕܝܢ ܙܕܩ ܠܝ. ܕܗܘ ܕܐܝܟܢܐ ܗܘ̇ ܡܬܚܫܒܢܐ ܡܬܬܬܙ: ܐܢ ܗܘ ܕܢܫܬܚܩ ܕܡܫܢܚܠ. ܒܪ ܡܢܝܟܢ ܡܫܬܚܠܦ ܘܠܒܪ ܡܫܬܕܪܐ ܡܢ ܦܠܐܕܘܢ. ܡܢܝܢܐ ܦܓܪܢܝ ܐܢܬܘܢ. ܗܘ ܕܠܐܝܟܢܐ ܕܠܐ ܡܬܚܫܒܢܘܬܐ ܡܫܢܚܠ. ܡܢܝܢܐ ܢܦܫ. ܕܫܘܝܢ ܓܝܪ ܐܡܪ ܕܠܐ ܢܦܪܘ ܫܬܡܟܐ. ܬܘܠܥܗܘܢ ܠܐ ܡܐܬ. ܘܢܘܪܗܘܢ

[VIII.] ܠܐ ܕܥܟܐ. ܘܢܗܘܘܢ ܠܚܙܬܐ ܠܟܠ ܒܣܪ. ܥܕ ܗܟܝܠ ܐܝܬܝܢ ܥܠ ܐܪܥܐ ܢܬܘܒ. ܛܝܢܐ ܓܝܪ ܐܝܬܝܢ ܒܐܝܕܐ ܕܐܘܡܢܐ. ܐܝܟܢܐ ܓܝܪ ܕܦܚܪܐ ܐܢ ܢܥܒܕ ܡܐܢܐ ܒܐܝܕ̈ܘܗܝ ܘܢܬܦܬܠ ܐܘ ܢܬܬܒܪ ܬܘܒ ܡܢ ܕܪܝܫ ܫܘܦܝ ܓܒܠ ܠܗ: ܐܢ ܕܝܢ ܢܩܕܡ ܕܒܐܬܘܢܐ ܢܪܡܝܘܗܝ ܘܢܫܓܪܗ ܘܢܬܒܫܠ: ܠܐ ܬܘܒ ܡܥܕܪ ܠܗ ܡܕܡ. ܗܟܢܐ ܐܦ ܚܢܢ: ܥܕܟܐ ܕܐܝܬܝܢ ܒܥܠܡܐ ܗܢܐ ܒܒܣܪܐ: ܐܢ ܡܕܡ ܣܥܪܢ ܕܒܝܫ: ܢܬܘܒ ܡܢ ܟܠܗ ܠܒܢ ܐܝܟܢܐ ܕܢܬܦܪܩ ܡܢ ܡܪܢ: ܥܕ ܐܝܬ ܠܢ ܙܒܢܐ ܕܬܝܒܘܬܐ. ܡܢ ܒܬܪ ܓܝܪ ܕܢܦܩܝܢ ܡܢ ܥܠܡܐ. ܠܐ ܬܘܒ ܡܫܟܚܝܢ ܬܡܢ ܠܡܘܕܝܘ ܥܠ ܚܛܗܝܢ. ܘܠܐ ܕܢܬܘܒ ܬܘܒ. ܐܝܟܢܐ ܟܕ ܕܝܢ ܥܒܕܝܢ ܡܕܡ ܐܝܟ ܨܒܝܢܐ ܕܐܒܐ: ܘܠܒܣܪܐ ܕܥܠܡ ܢܛܪܘܢ ܕܟܝܐ: ܘܠܦܘ̈ܩܕܢܐ ܕܡܪܢ ܢܛܪܘܢ. ܢܣܒ ܚܝܐ ܕܠܥܠܡ. ܐܡܪ ܓܝܪ ܡܪܢ ܒܣܒܪܬܗ. ܕܐܢ ܗ̇ܝ ܕܒܙܥܘܪܐ ܠܐ ܢܛܪܬܘܢ. ܗ̇ܝ ܕܪܒܐ ܡܢܘ ܢܬܠ ܠܟܘܢ. ܐܡܪ ܐܢܐ ܠܟܘܢ ܓܝܪ. ܕܗܘ ܕܐܝܬܘܗܝ ܡܗܝܡܢܐ ܒܙܥܘܪܐ ܕܒܥܘܪܟ. ܐܦ ܒܣܓܝܐܬܐ ܡܗܝܡܢܐ ܐܝܬܘܗܝ. ܐܪܐ ܗܟܝܠ ܗܕܐ ܗܝ ܕܐܡܪ. ܢܛܪܘ ܠܒܣܪܐ

23 Cod. ܐ̈ܚܝܢ.

ܕܚܝܐ: ܘܠܡܫܝܚܘܬܐ ܕܠܐ ܠܦܘܠܓܢܐ. ܐܝܟܢܐ ܕܫܪ̈ܝܐ
[IX.] ܬܬܟܠܘܢ. ܘܠܐ ܢܐܡܪ. ܐܦܠܐ ܐܢܫ ܡܢܟܘܢ:
ܕܒܣܦܪܐ ܗܢܐ ܠܐ ܡܬܬܕܝܢ ܐܦܠܐ ܩܐܡ. ܕܒܗ ܒܡܢܝܢܐ
ܐܬܦܪܣܬܘܢ. ܒܡܢܝܢܐ ܬܠܝܬܝܘܢ ܣܘܪܦܘܢ: ܐܠܐ ܐܢ
ܒܗ ܒܒܣܦܪܐ ܗܢܐ ܐܬܬܢܝܘܢ. ܙܕܩ ܠܝ ܡܟܝܠ. ܕܐܡܝܢ
ܡܟܠܐ ܕܐܠܗܐ ܢܬܪ ܠܒܣܦܪܐ. ܐܝܢܐ ܓܝܪ ܕܒܣܦܪܐ
ܐܬܦܪܣܬܘܢ: ܘܒܣܦܪܐ ܐܬܐ ܡܫܝܚܐ ܡܪܢ. ܒܗ ܚܕ
ܐܢܬܘܢ ܗܘ ܕܦܪܩ ܠܢ: ܒܗ ܐܢܬܘܢ ܗܘܐ ܡܢ
ܡܕܡܐܝܬ ܙܘܥܐ: ܗܘܐ ܕܝܢ ܒܒܣܦܪܐ ܘܗܝܢܐ ܦܪܐ ܠܝ
ܒܗ ܐܢܬܘܢ ܒܒܣܦܪ̈ܐ. ܗܟܢܐ ܐܦ ܚܢܢ ܒܗܢܐ ܒܣܦܪܐ
ܢܦܠ ܐܓܪܐ. ܢܦܩ ܡܟܝܠ ܠܚܝ̈ܐ. ܐܝܟܢܐ ܕܢܐܬܐ
ܚܠܦ ܠܡܠܒܘܬܐ ܕܐܠܗܐ. ܒܗ ܐܝܬ ܠܝ ܙܒܢܐ ܠܡܬܐܡܢܘ.
ܢܛܠ ܢܦܫ ܠܐܠܗܐ ܗܘ ܕܡܐܡܢܐ ܠܝ. ܒܗ ܦܘܪܩܢ ܐܓܪܐ
ܢܗܒܠܢ ܠܗ ܐܝܟܢܐ. ܗܝ ܕܢܬܘܒ ܡܢ ܠܒܐ ܕܚܝܐ. ܢܒܝܐ
ܓܝܪ ܐܢܬܘܢ ܐܠܗܐ ܕܦܬܚ ܫܘܐ ܒܠܗܝܢ: ܘܢܗܒ ܗܠܝܢ
ܕܒܠܒܐ ܕܝܠܢ. ܢܛܠ ܠܗ ܡܟܝܠ ܬܫܒܘܚܬܐ. ܠܘ ܒܠܚܘܕ
ܡܢ ܦܘܡܢ. ܐܠܐ ܐܦ ܡܢ ܠܒܐ. ܐܝܟܢܐ ܕܐܦ ܠܢ
ܢܦܠ ܐܝܟ ܕܠܒܝܫܐ. ܐܦ ܓܝܪ ܐܡܪ ܡܪܢ: ܐܚ̈ܝ
[X.] ܗܠܝܢ ܐܬܬܘܗܘܢ: ܐܝܠܝܢ ܕܥܒܕܝܢ ܨܒܝܢܐ ܕܐܒܝ. ܡܛܠ
ܐܚ̈ܝ ܘܐܚ̈ܘܬܝ. ܢܥܒܕ ܨܒܝܢܐ ܕܐܒܘܢ ܕܗܘ ܕܩܪܐ
ܠܢ. ܐܝܟܢܐ ܕܢܐܚܐ. ܘܢܪܕܘܦ ܡܝܬܪܘܬܐ ܒܬܪ ܡܝܬܪܘܬܐ.
ܠܒܝܫܘܬܐ ܕܝܢ ܢܥܒܘܩ: ܐܝܟ ܡܥܠܢܝܬܐ ܕܚܛܗ̈ܐ ܕܝܠܢ.
ܘܢܪܕܘܦ ܡܢ ܪܘܫܥܐ ܕܠܒܝܫܐ ܢܕܪܟ ܠܢ ܫܝܢܬܐ. ܐܢܛܪ
ܢܬܒܥ ܕܢܗܘܐ ܫܠܡܐ̈. ܢܕܪܟܝܢ ܠܝ ܫܝܢܐ. ܡܛܠܗܕܐ

5 ܒܒܣܦܪܐ] The ܒ has been inserted above the line.
15 Cod. ܘܢܗ].

ܒܪ ܕܒܠܚܘܕ ܠܐ ܐܝܬ ܠܒܪܢܫܐ ܠܡܫܡܫܘ ܒܢܫ̈ܐ܆ ܗܠܝܢ ܕܚܒܝܒܝܢ ܠܕܚܠܬܐ ܐܠܗܝܬܐ܆ ܒܪ ܦܪ̈ܝܫܝܢ ܓܒܝܢ ܡܢܗܘܢ ܒܬܫܡܫܬܐ ܕܩܘܪܒܐ܆ ܐܘ ܒܡܠܦܢܘܬܐ ܗܘ ܕܒܥܕܬܐ. ܠܐ ܒܪ ܝܕܥܝܢ ܕܕܐܝܟ ܐܝܟܢܐ ܬܫܡܫܬܐ ܐܝܬ ܠܗ ܠܬܫܡܫܬܐ ܕܩܘܪܒܐ܆ ܘܕܐܝܟ ܐܝܟܢܐ ܒܬܫܡܫܬܐ ܐܝܬ ܠܗ ܠܡܠܦܢܘܬܐ ܗܘ ܕܒܥܕܬܐ. ܘܐܠܘ ܡ̇ܢ ܗܢܘܢ ܒܠܫܢܝܗܘܢ ܐܬܘܬܗܘܢ ܗܘܘ ܕܗܠܝܢ ܦܓܪ̈ܝܢ܆ ܐܝܬ ܗܘܐ ܠܗܘܢ ܒܒܪ ܢܫܐ. ܗܫܐ ܕܝܢ ܡܣܒܝܢ ܒܪ ܐܝܬܝܗܘܢ ܬܠܡ̈ܝܕܐ ܕܒܢܝܬܐ ܠܢܦܫܬܐ ܗܠܝܢ ܦܓܥܬܐ ܘܕܠܐ ܒܥܠܝ܆ ܒܪ ܠܐ ܢܕܥܝܢ ܕܕܝܢܐ ܒܡܦܩܐ ܐܝܬ ܠܗܘܢ܆ ܠܗܘܢ ܒܝܬ ܘܠܐܢܫܝܢ ܕܫܡܥܝܢ ܠܗܘܢ.

[XI.] ܚܙܘ ܗܟܝܠ ܟܠܟܐ ܕܒܢܐ ܢܓܠܚ ܠܐܠܗܐ܆ ܘܢܗܘܐ ܙܕܩܐ. ܐܝܢܐ ܠܐ ܢܗܘܐ܆ ܡܛܠ ܗܘ ܕܐܡܪ܆ ܗܘܐ ܠܝ ܕܢܗܘܐ ܠܡܠܦܢܐ ܕܐܠܗܐ. ܫܪܝܪܐܝܬ ܕܘܟܐ ܢܗܘܐ ܐܢܬܘܢ. ܐܚܪܢܐ ܒܪ ܐܦ ܡܠܬܐ ܢܒܝܬܐ. ܕܕܘܟܐ ܐܝܟ ܗܢܘܢ ܕܐܬܬܝܗܘܢ ܬܘܒܢ ܢܦܫܐ܆ ܗܢܘܢ ܕܡܬܦܫܝܢ ܒܠܒܗܘܢ܆ ܗܢܘܢ ܕܐܚܪ̈ܝܢ܆ ܕܗܠܝܢ ܡܢ ܡܕܡ ܓܒܝܢ ܗܘܝܢ ܡܢ ܐܒܗ̈ܝܢ܆ ܚܕ ܕܝܢ ܒܪ ܢܘܡܐ ܡܢ ܢܘܡܐ ܡܫܡܫܢܝܢ܆ ܘܠܐ ܡܕܡ ܡܢ ܗܠܝܢ ܢܦܩܐ ܠܝ. ܦܬܓܡܐ ܘܫܘܫܛܐ ܪ̈ܘܚܢܝܐ. ܦܫܝܩ ܢܫܡܥܘܢ ܠܢܦܫܐ. ܗܟܘ ܠܒܢܝ ܬܫܒܘܚܬܐ ܠܓܘܫܬܐ. ܡܕܡܐܝܬ ܓܒܝܐ ܠܪ̈ܘܚܐ. ܒܬܪܟ ܢܘܪܐ ܗܘܐ. ܡܢ ܒܬܪ ܗܠܝܢ ܒܫܪܐ. ܒܬܪܟ ܓ̈ܒܝܐ ܕܡܫܘܚܝ ܠܗܝܢ. ܗܟܢܐ ܐܦ ܒܡܠܐ ܕܠܒ. ܡܕܡܐܝܬ ܕܦܘܪܐ ܘܐܦܠܓܝܐ ܗܘܘ ܠܗ. ܒܬܪܟ ܢܦܠ ܠܓܘܬܐ. ܀ ܡܢܕܡ ܐܚܪܝ. ܠܐ ܢܗܘܐ ܬܘܒܢ ܢܦܫܐ. ܐܠܐ ܒܪ ܡܫܬܒܪܝܢ ܢܫܬܒ ܘܐܓܪܬܐ ܢܦܩܬ. ܡܫܡܫܝܢ ܗܘ ܒܪ ܗܘ ܕܡܠܟ܆ ܕܦܘܪܩ ܐܓܪܬܐ ܕܚܒܪܘܗܝ ܢܦܘܩ ܠܟܠܢܫ. ܐܝܟ ܗܟܝܠ ܢܒܥܐ ܕܢܦܩܬܐ ܡܢܟ ܐܠܗܐ.

ܢܥܘܠ ܠܡܠܟܘܬܗ ܘܢܩܒܠ ܛܘ̈ܒܬܐ: ܗܠܝܢ ܕܥܝܢܐ ܠܐ ܚܙܬ: ܘܐܕܢܐ ܠܐ ܫܡܥܬ: ܘܐܦܠܐ ܥܠ ܠܒܐ

[XII.] ܕܒ̈ܢܝܢܫܐ ܣܠܩܘ. ܢܫܒܚܐ ܗܟܝܠ ܒܟܠܙܒܢ ܠܡܠܟܘܬܐ ܕܐܠܗܐ ܒܫܘܒܚܐ ܘܒܬܘܕܝܬܐ. ܡܛܠ ܕܠܐ ܢܬܒܥܐ ܠܘܡܟܐ ܕܕܝܢܗ. ∴ ܟܕ ܓܝܪ ܐܫܬܐܠ ܗܘ ܡܪܢ ܡܢ ܐܢܫ ܡܢ ܦ̈ܪܝܫܐ: ܕܠܐܝܟܢܐ ܐܬܝܐ ܡܠܟܘܬܗ. ܐܡܪ: ܐܡܬܝ ܕܢܗ̈ܘܘܢ ܬܪ̈ܬܝܗܘܢ ܚܕܐ: ܘܗܝ ܕܠܒܪ ܐܝܟ ܗܝ ܕܠܓܘ: ܘܕܟܪܐ ܥܡ ܢܩܒܬܐ: ܠܐ ܕܟܪܐ ܘܠܐ ܢܩܒܬܐ: ܐܠܐ ܬܪ̈ܝܗܘܢ ܚܕ ܐܝܬܝܗܘܢ. ܐܡܬܝ ܕܢܡܠܠ ܚܕ ܠܚܕ ܫܪܪܐ: ܘܒܬܪ̈ܝܢ ܦܓܪ̈ܝܢ ܕܠܐ ܢܟܠܐ ܘܕܠܐ ܡܣܒ ܒܐܦ̈ܐ ܬܗܘܐ ܢܦܫܐ ܚܕܐ: ܘܗܝ ܕܠܒܪ ܐܝܟ ܗܝ ܕܠܓܘ. ܗܕܐ ܐܡܪ. ܗܝ ܕܠܓܘ: ܠܢܦܫܐ ܐܡܪ. ܗܘ ܕܝܢ ܕܠܒܪ ܠܦܓܪܐ. ܐܝܟ ܕܐܦ ܗܟܢ ܕܦܓܪܐ ܕܝܠܟ ܡܬܚܙܐ. ܗܟܢܐ ܐܦ ܢܦܫܟ ܬܕܝܥܬܐ ܘܓܠܝܬܐ ܬܗܘܐ ܒܥܒ̈ܕܐ ܛ̈ܒܐ. ܘܗܝ ܕܕܟܪܐ ܥܡ ܢܩܒܬܐ: ܘܠܐ ܕܟܪܐ ܘܠܐ ܢܩܒܬܐ. ܗܕܐ ܗܝ ܕܐܡܪ. ܐܚܘܢܐ ܕܐܚܐ ܟܕ ܚܙܐ ܚܬܐ. ܠܐ ܡܕܡ ܢܩܒܝܐ ܢܬܚܫܒ ܥܠܝܗ. ܐܦܠܐ ܟܕ ܚܙܬܐ ܬܚܙܐ ܠܐܚܐ: ܬܬܚܫܒ ܡܕܡ ܕܟܪܝܐ ܥܠܘܗܝ. ܟܕ ܗܠܝܢ ܐܡܪ ܥܒܕܝܢ ܐܚ̈ܝܢ. ܬܐܬܐ

[XIII.] ܡܠܟܘܬܗ ܕܐܒܐ. ∴ ܐܚ̈ܝ. ܐܡܬܝ ܕܗܘ ܡܢ ܟܕܘ ܢܬܘܒ. ܢܬܬܥܝܪ ܠܘܬ ܛܒܬܐ. ܡ̈ܠܝܐ ܓܝܪ ܐܢܚܢܢ ܕܣܟܠܘܬ ܗܘܢܐ ܣܓܝܐܬܐ ܘܕܒܝܫܘܬܐ. ܢܠܘܫ ܡܢܢ ܠܚ̈ܛܗܐ ܩ̈ܕܡܝܐ. ܘܟܕ ܬܝܒܝܢ ܘܡܢ ܢܦܫܐ ܡܬܬܘܝܢ ܢܬܦܨܐ. ܘܠܐ ܢܗܘܐ ܫܦ̈ܪܝ ܠܒ̈ܢܝܢܫܐ. ܐܦܠܐ ܢܒܥܐ ܕܚܢܢ ܠܢ ܢܫܦܪ ܒܠܚܘܕ. ܐܠܐ ܐܦ ܠܒ̈ܪܝܐ ܗ̇ܢܘܢ ܕܠܒܪ ܒܙܕܝܩܘܬܢ. ܐܝܟܢܐ ܕܫܡܐ ܕܡܪܝܐ ܠܐ ܢܬܓܕܦ ܡܛܠܬܢ. ܐܡܪ ܓܝܪ ܐܦ ܡܪܢ. ܕܒܟܠܗܘܢ ܥܡܡ̈ܐ

ܡܬܝܪܬ ܡܠܟܘܬܗܘܢ ܒܝܬ ܫܡ̈ܝܐ. ܘܬܘܒ. ܗܝ ܠܗܘ ܕܡܠܟܘܬܗ ܡܬܝܪܬ ܥܡܗ. ܒܡܫܝܚܐ ܕܝܢ ܡܬܝܪܬ. ܒܗܝ ܕܠܐ ܟܕܡܝܢ ܗܠܝܢ ܕܐܬܐܡܪܝܢ ܣܠ. ܫܡ̈ܝܐ ܓܝܪ ܒܗ ܥܡܝܩܝܢ ܡܢ ܦܘܡܗ ܟܠܗ ܕܐܠܗܐ. ܐܝܟ ܕܫ̈ܠܡܬܐ ܘܪ̈ܘܪܒܬܐ ܡܬܕܪܟܝܢ ܒܗܝܢ. ܒܬܪܗ ܕܝܢ ܒܗ ܢܐܠܦܘܢ ܒܢ̈ܝܐ ܕܠܝ: ܕܠܐ ܐܝܬܝܗܘܢ ܕܢܦܩܝܢ ܠܡܠܟܝܢ ܗܠܝܢ ܕܐܬܐܡܪܝ. ܡܢ ܗܘܕܥܬ ܠܡܘܕܥܐ ܡܬܗܦܟܝܢ. ܒܗ ܐܬܐܡܪ. ܕܡܬܒܠܐ ܡܢܕܥ ܕܒܢ̈ܝܐ ܐܝܬܝܗܘܢ ܘܠܚܡܬܐ. ܐܡܬܝ ܓܝܪ ܕܫܡܥܝܢ ܡܢܗ ܕܐܡܪ ܐܠܗܐ: ܕܠܐ ܐܝܬ ܠܟܘܢ ܛܝܒܘܬܐ ܐܢ ܪ̈ܚܡܝܢ ܐܢܬܘܢ ܠܪ̈ܚܡܝܟܘܢ ܕܪ̈ܚܡܝܢ ܠܟܘܢ: ܐܠܐ ܗܕܝܢ ܐܝܬ ܠܟܘܢ ܛܝܒܘܬܐ ܐܢ ܪ̈ܚܡܝܢ ܐܢܬܘܢ ܠܒܥܠܕܒ̈ܒܝܟܘܢ ܕܠܟܘܢ ܘܠܣ̈ܢܐܝܟܘܢ ܕܣܢܝܢ ܠܟܘܢ: ܗܠܝܢ ܐܡܬܝ ܕܫܡܥܝܢ ܬܫܒܚܢ ܘܡܬܕܪܟܝܢ ܒܡܡܠܠܘܬܐ ܕܛܝܒܘܬܐ. ܐܡܬܝ ܕܝܢ ܕܢܣܒܘܢ: ܕܠܘ ܒܠܚܘܕ ܠܣ̈ܢܐܝܟܘܢ ܕܣܢܝܢ ܠܝ ܠܐ ܪ̈ܚܡܝܢ: ܐܠܐ ܐܦܠܐ ܠܣ̈ܢܐܝܟܘܢ ܕܪ̈ܚܡܝܢ ܠܝ. ܡܬܚܫܒܝܢ ܗܢ. ܡܬܝܪܬ ܗܝܠ ܥܡܐ ܕܡܫܝܚܐ.

[XIV.] ܡܕܝܢ ܐܫܪܝ. ܒܗ ܟܕܡܝܢ ܝܕܥܬܐ ܕܐܒܐ ܕܠܝ ܐܠܗܐ. ܢܗܘܐ ܡܢ ܒܕܬܐ ܗܝ ܘܕܡܒܪܬܐ: ܗܝ ܪ̈ܘܚܢܝܬܐ: ܗܝ ܕܡܕܡ ܥܒܕܐ ܘܗܘܦܟܐ ܐܬܒܪܝܬ: ܐܝܕܝܢ ܠܐ ܢܒܕܐ ܝܕܥܬܐ ܕܡܪܝܐ. ܢܗܘܐ ܡܢ ܗܠܝܢ ܕܬܬܝܗܒ ܒܠܒܗܘܢ: ܕܗܘܐ ܒܝܬܐ ܕܠܝ ܡܕܒܪܬܐ ܕܠܚܝܠܐ. ܡܕܝܢ ܐܫܪܝ. ܢܣܒ ܕܡܢ ܒܕܬܐ ܕܫܢܝܐ ܢܗܘܐ ܐܢܬܘܢ ܐܝܟܢܐ ܕܢܬܦܪܫ. ܠܐ ܕܝܢ ܗܦܟ ܐܝܟܐ ܒܠܒܗܘܢ ܕܢܛܪܘܢ ܠܟܘܢ: ܕܒܕܬܐ ܣܓܝܬܐ: ܦܓܪܐ ܐܝܬܘܗܝ ܕܡܫܝܚܐ ܐܡܪ ܓܝܪ ܦܘܠܘܣ. ܕܒܕܝ ܐܠܗܐ ܠܒܢܝܢܐ ܕܒܢܝ ܘܢܡܘܣܬܐ. ܗܘ ܕܒܢܝܐ ܐܝܬܘܗܝ ܡܫܝܚܐ. ܘܗܝ ܢܡܘܣܬܐ ܐܝܬܝܗ ܒܕܬܐ. ܘܐܦ ܬܟ̈ܠܐ ܕܒ̈ܢܝܐ ܘܐܦ ܫ̈ܠܝܚܐ. ܠܒܕܬܐ ܠܗ ܗܟܢܐ

ܐܡܪܝܢ ܠܗ̇ ܕܐܝܬܘܗ̇. ܐܠܐ ܡܢ ܠܒܪ. ܐܝܬܘܗ̇ ܗܘܬ ܒܪ ܪܘܚܢܝܬܐ. ܐܦ ܒܪܘܗ̇ ܕܝܢ ܐܝܬܘܗܝ ܪܘܚܢܐ. ܗ̇ܘ ܕܐܝܬܘܗܝ ܢܦܫ ܡܫܝܚܐ ܡܪܢ. ܐܬܓܠܝ ܕܝܢ ܒܫܪܬܐ ܕܗܕܐ ܐܝܟܢܐ ܕܠܐ ܢܦܪܘܩ... ܒܕܐܬܐ ܕܝܢ ܒܗ̇ ܪܘܚܢܝܬܐ ܐܝܬܘܗ̇ ܗܘܬ. ܐܬܓܠܝܬ ܒܒܣܪܐ ܕܡܫܝܚܐ. ܒܗ ܡܫܘܕܥܐ ܠܝ. ܕܐܢ ܐܝܟ ܡܢ ܢܛܪܗ̇ ܒܒܣܪܗ ܘܠܐ ܢܫܠܝܗ̇. ܢܨܠܠܗ̇ ܒܪܘܚܐ ܩܕܝܫܐ. ܒܣܒܪܐ ܒܪ ܗܢܐ. ܦܘܩܕܢܐ ܐܝܬܘܗܝ ܕܪܘܚܐ. ܠܐ ܐܝܟ ܗܟܝܠ ܕܡܫܒܠ ܠܗ̇ ܦܘܩܕܢܐ: ܡܫܬܘܬܦ ܠܗ̇ ܬܫܒܘܚܬܐ ܘܐܝܩܪܐ. ܐܝܟ ܗܟܝܠ ܗܕܐ ܗܝ ܕܐܡܪ ܐܫܥܝܐ.. ܕܢܦܘܩ ܒܣܒܪ̈ ܐܝܟܢܐ ܕܬܫܬܘܬܦ ܠܪܘܚܐ. ܐܝܟܢ ܐܡܪܝܢ ܕܒܣܒܪܐ ܒܕܬܐ ܐܝܬܘܗܝ: ܘܪܘܚܐ ܡܫܝܚܐ. ܐܝܟ ܗܟܝܠ ܗ̇ܘ ܕܢܦܩ ܠܒܣܪܐ ܕܝܠܗ. ܢܦܩ ܠܒܣܪܐ ܕܡܫܝܚܐ ܠܒܕܬܐ. ܗ̇ܘ ܗܟܝܠ ܕܕܐܡܝܟ ܗܢܐ. ܠܐ ܢܫܬܘܬܦ ܠܪܘܚܐ: ܗܘ ܕܐܝܬܘܗܝ ܡܫܝܚܐ. ܠܕܐܡܝܟ ܗܠܝܢ ܫܢܝܐ ܘܠܐ ܡܫܘܬܦܘܬܐ ܡܢܝܢܐ ܡܫܬܘܬܦ ܒܣܒܪܐ ܗܢܐ. ܒܗ ܢܦܫܐ ܢܦܩ ܠܗ ܪܘܚܐ ܩܕܝܫܐ. ܘܠܐ ܠܡܐܡܪ ܐܝܟ ܡܫܝܚ ܘܠܐ ܠܡܡܠܠܘ: ܗܠܝܢ ܕܢܦܩ ܡܢܝܐ ܠܫܢܝܐ ܕܝܠܗ. ܠܐ [XV.]
ܦܪܫ ܐܢܐ ܕܝܢ ܕܡܠܟܘܬܐ ܘܪܒܘܬܐ ܚܕܐ ܠܗܘܢ ܡܛܠ ܒܫܘܝܘܬܐ: ܗܝ ܕܒܗ ܢܒܕܘܗ̇ ܐܝܟ ܠܐ ܢܬܬܐ ܘܢܬܘܒ: ܐܠܐ ܐܦ ܢܦܫܗ ܢܫܘܒ: ܐܦ ܠܝ ܗܘ ܕܡܠܟܬ. ܐܓܪܐ ܒܪ ܠܐ ܐܝܬܘܗܝ ܕܒܘܪܐ: ܕܢܦܫܐ ܕܓܠܝܐ ܘܐܟܪܐ ܠܡܦܫܘ ܠܗܘܬ ܗܝ ܕܬܬܦܪܩ. ܗܢܐ ܒܪ ܦܘܪܩܢ ܐܓܪܐ ܐܝܬ ܠܝ ܠܡܦܪܥ ܠܐܠܗܐ ܗܘ ܕܒܪܐ ܠܝ. ܐܢܫܐ ܕܗܘ ܒܗܝ ܕܐܡܪ ܗܘܐ ܕܢܒܝܐ: ܒܡ ܫܘܒܚܐ ܘܒܡ ܡܫܒܚܘܬܐ: ܐܦ ܢܐܡܪ ܐܦ ܢܫܡܥ. ܢܛܪ ܗܟܝܠ ܒܗܠܝܢ ܕܗܝܡܢܝܢ ܘܬܡܢܐ ܘܫܡܫܐ. ܐܝܟܢܐ ܕܒܡ ܦܐܪܪܘܣܝܐ ܢܫܐܠ ܡܢ

ܐܠܗܐ ܗܘ ܕܐܡܪ܆ ܕܒܪ ܒܪܢܫܐ ܡܡܠܠ ܐܢܬ܆ ܐܡܪ
ܗܐ ܐܢܐ ܦܩܕ ܐܢܐ. ܗܕܐ ܓܝܪ ܡܠܬܐ. ܕܡܘܠܕܢܐ
ܪܒܢܐ ܐܝܬܘܗܝ ܐܬܐ. ܕܐܬܐ ܓܝܪ ܡܬܝܒܠ ܡܢܝܢܐ ܐܡܪ
ܗܘ ܠܗ܆ ܠܘܬ ܗܘ ܕܢܦܠ ܫܐܠܬܗ ܕܗܘ ܕܫܐܠ ܠܗ. ܀
ܟܕ ܗܟܝܠ ܒܗܿ ܒܒܣܝܡܘܬܐ ܘܦܓܥܘܬܐ ܕܐܠܗܐ
ܡܬܒܣܡܝܢ. ܠܐ ܢܣܒܣܒ ܚܕ ܡܢ ܠܡܫܬܘܬܦܘ ܒܦܬܓܡܐ
ܕܐܡܪܢ ܗܠܝܢ. ܐܝܟ ܓܝܪ ܗܝܡܢܘܬܐ ܕܐܝܬ ܠܗܘܢ ܠܛܠܝܐ
ܗܠܝܢ ܠܗܠܝܢ ܕܒܓܪܘ ܐܝܟ. ܒܠܗ ܗܢܐ ܚܘܒܐ ܐܝܬ
[XVI.] ܒܗܘܢ܆ ܠܗܘܢ ܕܠܐ ܢܦܠܘ. ܡܛܠ ܐܢܫ ܕܚܒܝܒܐ ܟܕ
ܒܠܬܐ ܢܦܩܢ ܠܗ ܡܘܗܪܬܐ ܠܘܬ ܗܘ ܕܢܬܒܥ. ܟܕ ܘܟܢܐ
ܐܝܬ ܠܝ ܕܢܬܒܥܐ ܠܘܬ ܐܠܗܐ ܗܘ ܕܝܗܒ ܠܝ. ܟܕ ܐܝܬ
ܠܝ ܐܒܐ ܕܡܣܦܩ ܠܝ. ܐܟ ܓܝܪ ܒܫܘܝܘܬܐ ܗܠܝܢ
ܢܗܘܐ܆ ܘܠܘܬܢ ܢܒܥܐ ܟܕ ܠܐ ܚܣܝܪܝܢ ܬ̈ܪܝܨܘܬܗ ܕܒܢܝܫܬܐ.
ܢܫܬܘܬܦ ܒܝܬܝܪܘܬܗܘܢ ܕܚܣܝܪ̈ܝܢ. ܢܗܘܐ ܡܫܡܠܝܢܐ. ܕܟܕ
ܕܝܢ ܕܗܢ ܒܕܘ. ܐܬܐ ܠܗ ܢܡܘܣܐ ܕܕܝܢܐ ܐܝܟ ܬܘܕܝܬܐ
ܕܢܦܫ. . ܘܢܬܛܠܘܡܘܢ ܡܢܗܘܢ ܕܡܫܝܚܐ. ܘܟܠܗ ܐܪܒܐ
ܐܝܟ ܐܒܘܪܐ ܕܟܠ ܢܘܪܐ ܡܬܦܫܪ. ܘܗܕܝܢ ܢܬܟܠܝܢ
ܕܫܢ̈ܬܐ ܘܟܬܒ̈ܐ ܟܠܗܝܢ ܕܚܛܝ̈ܬܐ. ܀ ܡܛܠ ܕܦܓܥܐ ܗܟܝܠ
ܐܬܬܢܝܚ ܡܪܚܡܢܘܬܐ. ܐܝܟ ܬܫܒܘܚܬܐ ܕܡܢ ܚܠܝܬܐ.
ܦܓܥ ܓܘܡܪܐ. ܓܠܘܬܐ. ܡܪܚܡܢܘܬܐ ܕܝܢ܆ ܦܓܥܐ ܡܢ
ܬܪܝܨܘܬܗ. ܚܘܒܐ ܕܝܢ܆ ܡܢܦܩܐ ܦܘܓܠܐ ܕܫܦܝܠܘܬܐ.
ܓܠܘܬܐ ܕܝܢ ܕܡܢ ܬܐܪܬܐ ܦܓܥܬܐ. ܡܢ ܡܘܬܐ ܡܦܓܥܐ.
ܦܓܥܘܗܝ ܠܟܠ ܡܢ ܕܢܫܬܒܚ ܒܗܠܝܢ ܡܫܬܟܚܐ.
[XVII.] ܡܪܚܡܢܘܬܐ ܓܝܪ ܒܓܘܪܐ ܕܫܦܠܘܬܐ ܗܘܝܐ. ܢܬܘܒ
ܗܟܝܠ ܡܢ ܒܠܗ ܠܒܢ܆ ܐܢܚܢܢ ܕܠܐ ܐܢܫ ܡܢܢ ܢܐܒܕ.

17 Cod. ܘܗܘ ܕܝܢ.

ܐܝܟܢ ܦܘܩܕܢܐ ܐܝܬ ܠܝ ܕܐܦ ܗܕܐ ܢܫܡܘܪ: ܗܘ ܕܐܦ ܡܢ ܦܬܓܡܐ ܢܬܘܦ ܘܢܬܪܐ. ܒܡܐ ܡܬܪܐܬ: ܕܢܦܫܐ ܕܡܢ ܒܗܘ ܢܗܒܐ ܠܐܠܗܐ: ܠܐ ܙܕܩ ܕܬܐܒܕ. ܢܫܡܥ ܗܟܝܠ ܣܡ ܠܝ: ܕܐܦ ܠܡܪܢ ܕܡܫܝܚܐ ܠܡܫܡܫܘ ܠܘܬ ܦܠܚܘܬܐ: ܐܡܪܢܐ ܕܢܬܦܪܘ ܒܠܝ. ܘܢܦܩܐ ܠܣܗ̈ܕܐ ܘܢܪܬܐ. ܘܠܘ ܒܠܚܘܕ ܗܕܐ ܢܫܬܒܪ ܕܢܬܬܪܝܡ ܘܡܫܡܫܝܢ ܒܗ ܡܬܬܪܬܝܢ ܡܢ ܡܩܕܫܐ. ܐܠܐ ܐܡܬܝ ܕܠܒܝܬܐ ܢܬܬܚܪ ܘܢܗܘܐ ܡܢ ܒܠܗܘܢ. ܢܬܟܫܪ ܠܦܘܩܕܢܐ ܕܡܪܝܐ. ܘܠܐ ܢܬܬܘܣ ܘܢܬܬܪ ܒܬܪܓܡܬܐ ܒܠܫܢܝܬܐ. ܐܠܐ ܒܗ ܡܫܡܫܐܝܬ ܡܙܠܝܢ. ܢܣܒܐ ܠܡܫܬܘܫܛܘ ܒܦܘܩܕܢܐ ܕܡܪ̈ܢ. ܐܡܪܢܐ ܕܒܗ ܒܠܝ ܗܘ ܒܗ ܗܘ ܡܬܪܒܝܢ: ܢܗܘܐ ܐܢܬܝܢ ܕܐܡܫܕܐ ܒܫܝܢ ܠܫܝܢܐ. ܐܡܝܪ ܓܝܪ ܡܪܢ: ܐܬܬܐ ܐܢܐ ܠܡܒܚܢܘ ܠܒܠܗܘܢ ܟܪ̈ܝܗܐ، ܪ̈ܥܝܬܐ ܘܟܠܝܒܐ. ܗܕܐ ܕܝܢ ܐܡܪ. ܒܠ ܡܘܡܐ ܕܕܒܝܫܘ: ܐܡܬܝ ܕܐܬܬܐ ܘܢܦܪܘܩ ܠܝ: ܠܒܠܚܘܕ ܐܝܟ ܒܥܕܢܐ ܕܠܗ: ܘܢܣܒܘܢ ܥܘܢܝܗܘܢ ܒܒܘܫܢܐ ܘܐܘܣܕܢܐ ܠܐ ܡܫܬܟܚܐ ܘܢܬܒܥܘܢ: ܒܗ ܢܗܒܘܢ ܠܡܠܟܘܬܗ ܕܒܠܝܬܐ ܗܢܐ. ܘܗܕܝܢ ܢܐܡܪܘܢ ܕܗܘ ܠܝ ܕܐܢܬ ܐܝܬܝܟ ܗܘܝܬ ܘܠܐ ܢܗܒܝܢ ܗܘܝܢ. ܘܠܐ ܡܫܡܫܝܢ ܗܘܝܢ. ܘܠܐ ܡܬܬܦܝܣܝܢ ܗܘܝܢ ܠܦܘܩܕܢܐ ܕܡܪܢ ܕܡܗܕܒܝܢ ܗܘܘ ܠܝ ܡܛܠ ܦܘܪܣܝܢ. ܘܬܠܒܟܘܢ ܠܐ ܬܬܒܘܬ. ܘܢܘܪܗܘܢ ܠܐ ܬܬܕܥܟ. ܘܢܗܘܘܢ ܠܚܙܬܐ ܠܒܠܗܝܢ. ܠܡܠܟܐ ܗܘ ܕܕܝܢܐ ܐܡܪ. ܐܡܬܝ ܕܢܣܒܘܢ ܠܡܪܢ ܕܡܢ ܐܪܥܐ: ܘܐܬܦܢܝܘ ܒܦܘܩܕܢܐ ܕܢܘܡܘܣ ܡܫܝܚܐ. ܘܙܕܩܐ ܕܝܢ ܡܪܢ ܕܢܦܪܘ ܥܡܪ ܒܕܘܒܪܝܗܘܢ ܘܢܗܘܐ ܒܢܝܢܐ: ܘܗܘܐ ܠܡܫܝܚܐܘܬ ܗܢܐ ܕܢܦܫܐ. ܐܡܬܝ ܕܢܣܒܘܢ ܠܡܪܢ ܕܒܗ ܘܒܦܪܘ ܒܢܦܫܗ ܐܘ ܒܝܕ ܬܠܡܝܕܐ ܐܘ ܒܝܕ ܥܒ̈ܕܐ: ܕܐܫܠܡܢܐ

ܡܫܬܠܡܝܢ ܒܥܘܕܪܐ ܩܕܝܫܐ ܘܒܘܪܟܐ ܕܠܐ ܕܡܟܐ. ܢܗܘܘܢ ܒܢܘܪܐ. ܟܕ ܡܫܡܫܝܢ ܬܫܡܫܬܐ ܠܐܠܗܘܗܝ. ܟܕ ܐܟܢܫܝܢ. ܕܡܫܪܐ ܐܝܬ ܠܗܘ ܕܩܠܝܠ ܒܕܒܘܬܐ ܠܐܠܗܐ

[XVIII.] ܡܢ ܟܠܗ ܠܒܗ. ܘܐܦ ܚܝܠ ܡܟܝܠ ܐܚܝ̈. ܢܗܘܐ ܡܢ ܗܠܝܢ ܕܟ̈ܘܕܝܢ ܘܡܫܡܠܝܢ ܠܒܬܘܠܘܬܐ: ܡܢ ܗ̇ܢܘܢ ܕܩܒܠܘ ܒܕܒܘܬܐ ܠܐܠܗܐ. ܘܠܐ ܡܢ ܪ̈ܚܡܝ ܕܡܬܕܡܝܢ . . . ܐܦ ܓܝܪ ܐܢܐ ܕܐܢܬܘܢ ܣܓܝܐܐ ܒܟܠܗܝܢ: ܘܠܐ ܒܕܒܝܠ ܥܠܝܟ ܐܢܐ ܡܢ ܢܦܫܝ: ܐܠܐ ܒܕܒܝܠ ܐܢܬܘܢ ܒܝܠܬ ܐܘ̈ܪܚܬܐ ܕܐܬܠܡܕܬ. ܣܝܡ ܐܢܐ ܠܡܕܪܫ ܒܬܪ ܕܫܡܥܬ. ܐܝܟܢܐ ܕܐܫܟܚ ܐܦ ܒܡܪܕܘܬܗ̇ ܐܗܘܐ: ܟܕ ܕܚܝܠ ܐܢܐ ܡܢ ܕܝܢܐ ܕܥܬܝܕ. ܀ ܦܢܝܐ ܕܐܝܟ ܒܥܠܡܐ.

[XIX.] ܗ̄ܘ ܕܒܟܬܪ ܡܒܟܝܬܐ. ܡܕܡ ܐܚܪ̈ܢܐ ܘܐܫܬܘܬܦ. ܡܢ ܒܬܪ ܐܠܗܐ. ܡܫܡܫܢܘܬܐ ܐܚܪܬ ܡܬܚܫܒܬܐ ܕܠܝܬ ܠܗ ܕܒܪܐ ܦܪܐ ܐܢܐ ܡܕܡܝܢܘܢ ܠܗܘܢ ܗ̇ܘ ܕܬܫܘܪܘܢ ܒܗܠܝܢ ܕܟܬܝ̈ܒܢ. ܐܝܟܢܐ ܕܐܦ ܠܡܫܟܚܘܢ ܬܫܘܒܘܢ. ܐܦ ܠܐ ܕܦܪܐ ܐܢܐ ܠܗܘܢ ܟ̈ܠܗ ܕܐܠܗܐ. ܐܓܪܐ ܓܝܪ ܥܡܠ ܐܢܐ ܠܗܘܢ. ܕܬܬܘܒܘܢ ܡܢ ܟܠܗ ܠܒܗܘܢ: ܟܕ ܦܘܪܢܐ ܘܫ̈ܝܢܐ ܐܢܬܘܢ ܠܗܘܢ ܢܗܘܐ ܐܢܬܘܢ. ܟܕ ܗܘܐ ܓܝܪ ܚܕܝܢ. ܢܚܐ ܠܒܠܗܘܢ ܦܬܓܡܐ ܩܕܡܝܢ: ܗ̇ܢܘܢ ܕܒܪ̈ܝܢ ܕܡܛܠ ܥܒܪܘܬ ܕܢܠܬܐ ܘܒܫܡܫܘܬܐ ܕܐܠܗܐ ܢܣܒܘܢ ܙܢܒܐ ܒܟܠܠܐ. ܘܠܘ ܠܐ ܗܝܡܢܘܬ ܢܗܘܐ ܐܢܬ ܠܝ ܘܢܬܚܫܒ ܘܢܬܠܘܫ ܐܢܐ ܗ̇ܢܘܢ ܠܐ ܫ̈ܒܩܐ: ܐܝܟܢܐ ܕܐܢܫ ܢܬܪܐ ܠܝ ܘܢܩܒܠܐ ܠܝ ܡܢ ܓܒܠܐ ܠܕܝܩܘܬܐ. ܐܢܬ ܓܝܪ ܐܝܟܢܐ ܕܟܕ ܒܝܬܐ ܦܚܪܝܢ. ܠܐ ܢܕܒܪܝܢ: ܡܛܠ

ܬܪܝܨܘܬ ܢܦܫܐ ܘܠܐ ܡܫܬܒܗܪܘܬܐ ܗ̇ܝ ܕܐܝܬ ܒܢ̈ܝܢܫܐ ܕܝܠܝ. ܘܡܫܬܡܥܝܢ ܒܬܪܥܝܬܗܘܢ ܡܢ ܬ̈ܫܒܚܬܐ ܗܠܝܢ ܦܪ̈ܝܫܬܐ. ܢܦܩܘܕ ܗܟܝܠ ܕܢܣܒܬܐ. ܐܝܟܢܐ ܕܠܓܡܪ ܢܬܦܢܘܢ ܀ ܠܘܬܗܘܢ ܠܐܝܠܝܢ ܕܐܫܬܘܕܥܘ ܘܚܙܘ ܠܦܘ̈ܪܩܢܐ ܗܠܝܢ. ܐܦ ܡܠܝܠ ܘܟܝܢܐ ܢܬܦܪܫܘܢ ܡܢ ܒܝܫܬܐ. ܒܦܐܪܐ ܠܐ ܛ̈ܒܬܐ ܕܡܙܕܒܢܐ ܢܬܟܫܦܘܢ. ܠܐ ܗܟܝܠ ܢܬܬܟܫܦ. ܥܦܪ ܕܫܠܝܬܐ: ܐܝܟ ܒܪ̈ܢܫܐ ܕܗܪܟܐ ܢܬܕܘܢܐ. ܘܟܝܢܐ ܗ̇ܘ ܠܘܬܗܘܢ ܡܫܡܗܐ ܠܗ ܠܟܠ ܡܢ ܐܒ̈ܗܬܐ. ܒܪ

[XX.] ܡܬܚܫܒ ܒܝܫܐ ܒܥܠܡܐ ܗ̇ܘ ܕܠܐ ܒܥܐ. ܐܠܐ ܐܦܠܐ ܗ̇ܝ ܠܬܪܥܝܬܐ ܕܝܠܝ ܬܬܟܠܒܫ: ܕܢܚܝܢ ܠܚ̈ܫܠܐ ܕܒܬܢܝܢ: ܘܠܒܢ̈ܝܐ ܕܐܠܗܐ ܒܪ ܡܬܐܠܝܢ. ܢܩܒܠ ܗܟܝܠ ܐܚ̈ܝ ܘܐܚ̈ܘܬܝ. ܕܢܦܫܐ ܕܡܢ ܐܠܗܐ ܢܦܫܐ ܩܒܠܢ ܘܡܬܒܬܒܝܢ ܘܡܬܕܪܫܝܢ ܚܕ ܒܢ̈ܝܐ ܗܠܝܢ ܕܗܫܐ. ܐܝܟܢܐ ܕܒܗܠܝܢ ܕܒܬܕܝܢ ܢܬܟܠܠ. ܘܠܐ ܐܝܟ ܡܢ ܕܕ̈ܝܫܐ ܘܠܝܠܐܝܬ ܢܦܩ ܦܐܪܐ. ܐܠܐ ܡܦܩܐ ܠܗܘܢ. ܐܠܘ ܓܝܪ ܐܠܗܐ ܐܝܟܢܐ ܕܕ̈ܝܫܐ ܘܠܝܠܐܝܬ ܦܩܕ ܗܘܐ. ܬܪܝܨܐܝܬ ܬܐܓܘܪܬܐ ܗܘܬ ܗ̇ܝ ܕܦܠܚܝܢ ܗܘܝܢ. ܘܠܘ ܕܝܠܗ̇ ܐܠܗܐ. ܡܬܬܒܪܝܢ ܗܘܝܢ ܓܝܪ ܕܐܢܬܝܢ ܕ̈ܝܫܐ. ܠܘ ܒܪ ܒܬܪ ܕܝܠܗ̇ ܐܠܗܐ ܙܕܩܝܢ ܗܘܝܢ. ܐܠܐ ܒܬܪ ܡܬܪܥܝܢܐ. ܘܡܬܠܗܕܐ ܕܝܢܐ ܐܠܗܝܐ ܦܓܥ ܠܪܘܚܐ ܕܠܐ ܐܝܬܝܗ̇ ܕܕܝܫܬܐ. ܘܐܘܦܪ ܒܐܘܣܝܐ. ܀ ܠܗ̇ܘ ܕܒܫܘܕܘܗܝ ܐܠܗܐ: ܠܐ ܡܬܚܫܚܐ ܐܝܟܐ ܕܥܙܝܙܐ ܡܢ ܢܦܫ ܡܥܝܟܐ: ܠܗ̇ܘ ܕܥܒܕ ܠܦܘܪܩܢܐ ܘܥܒܕܐ ܕܫܒܝܐ ܘܕܦܘܪܩܢܐ ܕܝܠܝ: ܗ̇ܘ ܕܐܝܬܘܗܝ ܓܠܝܢ ܠܝ ܠܥܙܝܙܐ ܘܠܡܫܡܥܐ ܥܒܝܕܐ: ܘܐܦ ܠܗ ܠܢܦܫ ܡܥܝܟܐ ܡܢ: ܒܪ

ܗܘ ܐܓܪܬܐ ܕܬܪܬܝܢ ܕܩܠܝܡܝܣ ܕܠܘܬ ܩܘܪ̈ܢܬܝܐ.

ܪܘܚܐ ܩܕܝܫܐ. ܫܘܒܚܐ ܘܐܝܩܪܐ ܘܐܘܚܕܢܐ. ܠܥ̈ܠܡܐ
ܕܥ̈ܠܡܐ ܐܡܝܢ. ܫܠܡܬ ܐܓܪܬܐ ܕܬܪܬܝܢ ܕܩܠܝܡܝܣ.
ܕܠܘܬ ܩܘܪ̈ܢܬܝܐ.

l. 4. ܦܩܪ ܒ = ἀποτάσσεσθαι governing a Dative, so l. 6 and XVI (ܣܒ 12, 13): so also Luke xiv 33 Ḥark.

l. 8. ܡܬܚܒܠܢܐ is the constant translation of φθαρτός in Ḥark., and so VII (ܢܗ 22, ܢܐ 3).

l. 9. The translation of ἐκεῖνα by ܗܢܝܢ ܕܝܢ ܕܠܗܠ and the addition of ܕܬܡܢ l. 11 are probably touches from the translator's hand in order to bring the contrast into clearer relief.

l. 14. Noah, Job, Daniel. To the authorities cited for this order of the names add Aphraates (ed. Wright) p. ܬܢܛ l. 7. It is also the order observed by Ephraem in his explanation (*Op. Syr.* II 177).

l. 19. παράκλητος is here represented by ܡܦܝܣܢܐ. In Cur., Pesh., and Ḥark. it is invariably rendered ܦܪܩܠܛܐ ܦܪܩܠܝܛܐ or ܦܪܐܩܠܝܛܐ.

l. 21. For the error in A of ΑΙΩΝ for ΑΓΩΝ, cf. also 4 Macc. ix 23, xi 20.

P. ܢܐ, l. 1. ܠܘܒܕܢܐ, cf. p. ܒܐ, l. 13.

l. 4. ܡܫܬܕܝܐ = βάλλεται, cf. Matt. v 13 Pesh. In Ḥark. βάλλω is always rendered by ܪܡܐ.

l. 11. ܬܘܒ ܡܬܚܕܪ ܗܦܟ, a double translation of ἀνα-.

l. 14. ܒܒܣܪܐ (= ἐν τῇ σαρκί) is attached to the preceding clause by the Syriac interpunctuation.

P. ܢܒ, l. 13. ἐπαγγελία is always rendered by ܡܘܠܟܢܐ in these epistles, and by ܫܘܘܕܝܐ in Ḥark.

l. 14. ἐσόμεθα represented here by ܢܗܘܐ ܐܝܬܝܢ but by ܢܗܘܐ l. 12. The former rendering represents the Subjunctive or Optative of εἶναι in Ḥark., but ܢܗܘܘܢ ܐܝܬܝܗܘܢ represents ἔσονται 2 Tim. ii 2.

ὁ προφητικὸς λόγος = ܡܠܬܐ ܢܒܝܘܬܐ as in 2 Pet. i 19 Ḥark.

ll. 16, 17. πάλαι = ܡܢ ܡܩܕܡ as Heb. i 1, Pesh. and Ḥark. Matt. xi 21 (sic leg.), Luke x 13, Ḥark.

l. 19. ἀνόητοι, which is translated ܣܟܠܝ ܪܥܝܢܐ Ep. I XXIII (ܟ 15), has here a double rendering ܦܟܠܐ ܘܣܟܠܝ ܪܥܝܢܐ. In Pesh. the equivalent is ܦܟܠܐ Rom. i 14, Gal. iii 3, 1 Tim. vi 9 and ܣܟܠܝ ܪܥܝܢܐ Luke xxiv 25, Gal. iii 1. The Ḥarklean rendering is in all cases ܕܠܐ ܗܘܢܐ.

(p. ܢܗ, l. 12), and in ch. XV *τοῖς παρακούσασιν* is translated ܠܗܘܢ ܕܠܐ ܥܒܕܘ (p. ܣܒ, l. 9).

παρακούειν is rendered by ܐܕܫ. Isa. lxv 12 Syr. Hex., and by ܠܐ ܥܒܕ ܠ in Pesh. and Ḥarḳ.

l. 13. The MS. has ܕܢܩܪܘܢܝܗܝ (= *αὐτὸν ἐπικαλεῖσθαι*). The insertion however of a single letter will harmonize the Syriac with the Greek ܢܝܩܪܘܢܝܗܝ (= *αὐτὸν τιμᾶν*).

ܚܝܠ = *ἰσχύος* (for *διανοίας*) which occurs in the parallel passages of the Gospels, or *δυνάμεως* as in Deut. vi 5 LXX., cf. Matt. xxii 37 Cur. and Pesh.

P. ܢܕ, l. 1. ܒܚܕ ܥܘܒܐ, Gk. *ἐν τῷ κόλπῳ μου*. The Syriac is probably an alteration to obviate an apparent difficulty in reconciling *ἐν τῷ κόλπῳ μου* with *μετ' ἐμοῦ*.

l. 2. *ἀποβαλῶ*. The Syriac gives a double rendering of this word.

l. 5. ܥܘܠܐ = *ἀνομία* as always in Pesh.; in Ḥarḳ. ܠܐ ܢܡܘܣܘܬܐ.

l. 6. *καταλείψαντες* rendered in Syriac as Pres. Part.

ܠܡܬܠܐ. The Syriac translator read *παροιμίαν* which is so rendered 2 Pet. ii 22, and in the Syr. Hex. of Ecclus. xxxix 3, xlvii. 18.

l. 9. *ἐν μέσῳ* = ܒܡܨܥܬ. In Matt. x 16, Luke x 3 the Pesh. has ܒܡܨܥ, the Ḥarḳ. ܒܡܨܥܬܐ.

l. 13. *δυναμένους* = ܡܫܟܚܝܢ as in Matt. x 28 Pesh.; *ἔχοντα ἐξουσίαν* = ܐܝܬ ܠܗ ܫܘܠܛܢܐ as in Luke xii 5 Ḥarḳ.

l. 20. ܕܬܫܬܘܘܢ = *ἐπιτυχεῖν* as in Ḥarḳ. Heb. vi 15.

ll. 25, 27. *δουλεύειν* is translated by ܦܠܚ ܥܒܕܘܬܐ XXXI (ܟܗ 1), Ep. II XVII (ܣܕ 3), XVIII (ܣܕ 5) and in the present passage; it is translated by ܦܠܚ alone in XXVI (ܟܒ 4), XLV (ܠܗ 20), Ep. II XI (ܢܒ 11); cf. Luke xvi 13. We have here a good example of the way in which this version comes between the Pesh. and the Ḥarḳ., here inclining to the former.

P. ܢܗ, l. 2. ܢܘܒܕ. If considered as a strict translation, this word would rather represent *ἀπολέσῃ* which is the reading of Justin Mar. *Apol.* I 15. *ζημιοῦσθαι* is uniformly rendered by ܚܣܪ in Ḥarḳ. as well as in Pesh. and Cur. (In Luke ix 25 the editor followed by Tischendorf incorrectly retranslates by *ἀπολέσας*, cf. *Rel. Jur. Eccl.* ܡܒ 18.)

P. ܡܠ, l. 3. ἔντευξιν = ܘܦܝܣܬܐ ܬܟܫܦܬܐ. ἐντεύξεις = ܬܟܫ̈ܦܬܐ 1 Tim. ii 1 Ḥark.

l. 10. ܫܪܟܐ ܕܝܢ = λοιπόν. The addition of ܕܝܢ implies no various reading.

SECOND EPISTLE.

P. ܢܒ, ll. 3, 4. ܬܠܝܢ ܚܘܪܢ ܠܥܠ = ἀνεβλέψαμεν. This full translation occurs here only: cf. IX ܢܒ 4.

ἀναβλέψας = ܚܪ ܠܥܠ Luke xix 5 Ḥark. ἀναβλέπειν is translated by ܬܠܐ ܥܝ̈ܢܐ Isa. xl 26, Zech. v 5 Syr. Hex.

ll. 5, 6. ܚܠܘ ܪ̈ܚܡܘܗܝ، ܘܚܣ ܥܠܝܢ a double rendering of σπλαγχνισθείς.

l. 6. ܗ̇ܝ، ܥܠܗ̇ (cf. l. 2). This phrase (with ܗ̇ܝ for ܗܕܐ) appears to be peculiar to this document.

l. 10. ܚܕܝ، = εὐφράνθητι as in Isaiah liv 1 SH. The Ḥark. has ܐܬܒܣܡܝ، Gal. iv 27, and uses the same verb to translate εὐφραίνεσθαι in all other passages.

l. 11. ܡܚܒܠܐ = ὠδίνουσα. So Pesh. of Gal. iv 27 and Syr. Hex. of Isa. liv 1. Ḥark. has ܚܒܠܐ.

l. 12. ܝܬܝܪ = μᾶλλον. This rendering is found in Ḥark. only 1 Cor. xiv 18. Elsewhere in this version the rendering is either ܝܬܝܪܐܝܬ or ܡܐܠܠܘܢ.

l. 15. ܐܪܝܡ = βόησον. The Syriac translator probably uses ܐܪܝܡ here, because it is the more familiar equivalent for βοᾶν, although in the quotation immediately preceding he has rendered ῥῆξον by this word. ܐܪܝܡ is the rendering of βοᾶν everywhere in Ḥark. except Luke xviii 7, Gal. iv 27.

l. 18. Here ܚܒܠܐ = ὠδίνουσα, vide supra.

l. 24. ܕܐܩܪܐ, so Pesh. Matt. ix 13, Mark ii 17. Ḥark. has ܠܡܩܪܐ.

P. ܢܓ, l. 2. τοσοῦτον is here rendered adverbially; οὖν is omitted, and ἔλεος ποιήσαντος αὐτοῦ εἰς ἡμᾶς has a double rendering.

l. 11. καὶ μὴ παρακούειν αὐτοῦ τῶν ἐντολῶν here rendered by ܘܠܐ ܢܫܡܥ ܘܢܥܒܕ ܦܘܩܕ̈ܢܘܗܝ، ܟܕ ܗ̇ܕܥܒܕܝܢ ܘܠܐ ܥܒܕܝܢ ܠܗܘܢ: in ch. VI ἐὰν παρακούσωμεν τῶν ἐντολῶν αὐτοῦ is translated ܐܢ ܢܫܡܥ ܡܥܒܕܬܢ ܡܢ ܦܘܩܕ̈ܢܘܗܝ، ܘܢܥܒܕ ܐܢܘܢ,

ܕܫܒܥ = ἕβδομος, SH. ܫܒܝܥܝܬܐ and so in Ḥark.

l. 7. ܠܡܫܦ = ἅπτεσθαι in Ḥark. always except Mark iii 10.

l. 9. κρύφει = ܒܛܘܫܝܐ. So only once in Ḥark. (Luke xviii 34); the usual rendering is ܛܫܐ.

l. 10. ἀδίκων is transferred in the Syriac to the end of the preceding sentence by an unnatural construction.

l. 11. ܕܝܢ = δέ. A. C. γάρ. The Syriac here agrees with the SH. of this clause.

l. 12. ܕܡܫܬܡܠܝܢ . . . ܢܫܬܡܠܘܢ. The same tenses as in SH.

l. 14. ὥριμος is translated by ܫܒܝܢܐ Job v 26 and Jeremiah li 33 SH. There is a double rendering here.

l. 17. ܣܘܥܕܐ = ὑπερασπισμός, cf. ܡܣܝܥܢܐ = ὑπέρμαχος XLV (ܠܗ 22), Wisdom x 20 SH.

l. 23. ἀποτίθεσθαι is translated XIII (ܝܐ 21) by ܐܢܚܘ ܡܢ as usually in Pesh., here by ܫܕܐ ܡܢ as occasionally in Ḥark.

ܡܫܬܥܠܘܬܐ = ἀλαζονεία always in these epistles. ἀλαζονεία is rendered by the same word in *Rel. Jur. Eccl.* ܟܘ 23, Cyr. *Com. in Luc.* 204 5, but not in Pesh., Ḥark., or SH.

P. ܡܕ, l. 19. The Syriac has a double rendering of ὑπακούσωμεν. ὑπακούειν is rendered by ܫܡܥ VII (ܙ 21), LVII (ܡܕ 3), and by ܥܢܐ IX (ܛ 22), XXXIX (ܠܛ 7). The two renderings are here combined.

In the Ḥark. it is translated uniformly by ܐܫܬܡܥ except in Acts xii 13 where it has a special meaning and the ܬܥܢܝܘܗܝ of the Pesh. is retained.

P. ܡܘ, l. 8. ܠܟܘܪܗܢܐ. The root ܟܪܗ is the general rendering of ἀσθενεῖν and its derivatives in the Pesh., and the root ܡܚܠ in the Ḥark., ܟܪܗ being the uniform rendering of νοσεῖν in the latter. The exceptions to the above rule in the Ḥark. are Matt. x 8, Luke vii 10, viii 2, x 9, John iv 46, v 3, Acts ix 37, xix 12, where ܟܪܗ is retained from the Pesh.

P. ܡܝ, l. 22. With the paraphrastic translation of the Syriac compare Acts xxvi 22 Ḥark. ܟܕ ܠܥܘܕܪܢܐ ܗܟܝܠ ܐܫܬܘܬܦܬ ܕܡܢ ܐܠܗܐ.

In XLVII *μακάριος* = ܛܘܒܢܐ (ܠܘ 22), cf. John xiii 17, Acts xxvi 2, Jas. i 25 Pesh.

l. 6. *πατρίς* is here translated by ܡܕܝܢܬܐ ܕܐܒܗ̈ܘܗܝ; in Phil. it is rendered ܐܬܪܐ ܕܐܒܗ̈ܘܗܝ (Mark vi 1), elsewhere by ܐܬܪܐ, in Pesh. by ܡܕܝܢܬܐ.

l. 11. *ἀξιόω* = ܐܦܝܣ in SH. e.g. Sap. xiii 18, Euseb. *Hist. Eccles.* (*Anc. Syr. Doc.* ܐ 11).

ll. 13, 14. *ἐκινδύνευσεν* – ܐܝܬܘܗܝ ܗܘܐ ܒܩܘܕܝܢܘܣ so once in Phil., Luke viii 23.

l. 15. *παράπτωμα* always rendered ܬܘܩܠܬܐ in Phil.; twice only in Pesh. (Rom. v 15), here only in Clement (but ܬܘܩܠܬܐ = *περίπτωσις* (I ܒ 8). *παράπτωμα* is rendered by ܬܩܠܬܐ (II ܕ 12, LI ܠܛ 21).

ὑπάρχω here rendered by ܐܬܬܝܕ, elsewhere by ܐܝܬ as in Phil.

l. 18. *ἔγκαρπος καὶ τελεία*. The order of the adjectives is inverted in the Syriac.

l. 20. ܙܕܩ ܠܗ is an exceptional rendering of *ὀφείλει*: elsewhere in these epistles ܚܝܒ is used: in the Hark. ܚܝܒ, ܚܐܒ and four times ܘܠܐ (1 Cor. vii 36, ix 10, 2 Cor. xii 11, Heb. ii 17).

l. 24. The quotation from Ps. cxviii 18 agrees with Pesh. and SH.

The quotation from Prov. iii 12 agrees with SH., except that our translation has ܕܪܚܡ (as Pesh., Prov. iii 12, Heb. xii 6) for ܕܡܚܒ.

P. ܠܒ, l. 2. The quotation from Ps. cxli 5 as in SH. quoted in *Rel. Jur. Eccl.* p. ܣܗ.

l. 4. Job v 17 ܠܐ ܬܣܠܐ. This (as well as ܛܘܒܘܗܝ) is from the Pesh.

νουθέτημα = ܡܪܬܝܢܘܬܐ; SH. ܒܘܘܢܐ; Pesh. ܡܪܕܘܬܐ.

l. 5. *ἀποκαθίστησιν* = ܗܦܟ ܠܬܘܡ; so *ἀποκαταστήσῃ* = ܢܗܦܘܟ ܠܬܘܡ (XLVIII ܠܢ 16). ܬܗܦܘܟ ܠܬܘܡ = *ἀποκαταστήσεται* Isa. xxiii 17 SH.; SH. here has ܦܢܐ ܡܐܬ.

l. 6. ܐܘܠܨܢܐ = *ἀνάγκη* as always in SH. of Job. The Ḥarḳ. has ܐܢܢܩܝ (or ܐܢܐܢܩܝ pl. ܐܢ̈ܢܩܣ or ܐܢܐܢ̈ܩܣ) everywhere except Rom. xiii 5.

l. 9. ܒܪ̈ܟܝܢܘܬܐ ܕܐܦ̈ܐ = κατὰ προσκλίσεις. In 1 Tim. v 21, Phil. κατὰ πρόσκλισιν is rendered by ܒܡܝܠܢܘܬܐ.

l. 25. ὀφθαλμοὶ Κυρίου = ܡܠܟܐ ܕܚܘܣܝܗ ܕܡܪܝܐ, differing both from the Pesh. and Syr. Hex.

P. ܡܐ, l. 6. ἀνυπερβλήτου paraphrased thus: ܡܥܠܝܘܬܐ ܘܕܠܝܬ ܠܡܥܒܪ ܠܟܠ ܡܢܗ̇.

ll. 6, 7. ܡܬܚܨܦ ܒܦܪ̈ܗܣܝܐ = παῤῥησιάζεται. This translation of the Greek verb occurs in the Phil. of Acts ix 28, xiii 46, xix 8, Ephes. vi 20. It was probably suggested by the phrase πολλῇ παῤῥησίᾳ χρώμεθα 2 Cor. iii 12. In xv ܝܗ 14 παῤῥησιάσομαι is translated ܐܥܒܕ ܦܪ̈ܗܣܝܐ.

l. 9. ܚܘܣܬܢܐ = εὔσπλαγχνος here and xxix. ܝܒ 13. In Pesh. εὔσπλαγχνοι is translated ܡܪ̈ܚܡܢܝܢ (Ephes. iv 32), and ܪ̈ܚܡܬܢܝܢ (1 Pet. iii 8); the Phil. in both places has ܡܪ̈ܚܡܢܝ ܥܦ̈ܝܪ.

ܡܠܐ = πεπληροφορημένος. In Eccles. viii 11 ἐπληροφορήθη καρδία is the rendering of מלא לב, which seems to be the origin of the common meaning of the word, 'to be filled or fully resolved.' The verb is translated ܐܬܡܠܝ ܦܝܣܐ in Syr. Hex.

l. 16. The Syriac of this quotation agrees with Syr. Hex. (Pesh. ܡܠܐܗ̇.)

ll. 21, 25, 26. ܐܫܠܡܘ ܢܦܫܗܘܢ as Eph. iv 19, Pesh. The Phil. has ܗܒܘܢ ܠܗܘܢ in this form, cf. Gal. ii 20, Ephes. v 2.

l. 26. ܢܦܪܩܘܢ = λυτρώσονται. The Philoxenian equivalent is ܦܪ̇ܩ.

P. ܡܒ, l. 2. ܫ̈ܡܠܝܢ = ἐπετελέσαντο. ܫܡܠܝ is the rendering of ἐπιτελεῖν, ἐπιτελεῖσθαι in Ḥarḳ. (except Gal. iii 3), never in Pesh.

l. 3. ܛܘܒܬܢܐ = μακάριος always in Ḥarḳ., never in Pesh., but ܛܘܒܝܗܘܢ ܠ = μακάριοι xliv ܠܕ 21 and l ܠܛ 8; also Ep. II xix ܣܗ 4; and ܛܘܒܘܗܝ ܠ = μακάριος l ܠܛ 10, lvi ܡܝ 3, also Ep. II xvi ܣܒ 23.

Ep. I xxxv μακάρια = ܛܘܒܬܢܝܢ (ܒܝ 11), xl μακάριοι = ܛܘܒ̈ܬܢܐ (ܠܐ 24), xliii μακάριος = ܛܘܒܬܢܐ (ܠܝ 8), xlviii μακάριοι = ܛܘܒ̈ܬܢܐ (ܠܢ 23) l (ܠܛ 5). Ep. II xix μακάριος = ܛܘܒܬܢܐ. (ܣܗ 8.)

l. 10. ܐܬܬܝܒܠܬ (= ἤχθη), so also Syr. Hex. In Acts viii 32, Phil., Cyr. *Luc.* 345, Isa. liii 7 and Acts viii 32, Pesh. ܐܬܕܒܪ is used. Cf. S. Luke iv 1, xxiii 32, Acts xx 12, xxi 16, 2 Tim. iii 6, Phil. ܐܬܬܝܒܠܬ is the more general equivalent.

l. 12. ܒܡܘܟܟܗ (= ἐν τῇ ταπεινώσει αὐτοῦ) is attached by the interpunctuation to the preceding, not to the following clause. The same division is found in the Syr. Hex. of Isaiah liii 7 (see Dr Ceriani's facsimile edition), and in the Pesh. and Phil. of Acts viii 32.

ܕܠܝܬ ܠܗ. So Syr. Hex.; Phil. ܕܠܝܬܗ.

ܘܕܪܐ ܕܠܗ. Syr. Hex. ܠܕܪܗ; Phil. ܠܕܪܐ ܕܠܗ.

l. 13. ܢܣܬܒܐ, so Syr. Hex. Phil. ܡܣܬܒܐ.

ܕ (= ὅτι), so Syr. Hex. Phil. ܡܛܠ ܕ.

ܡܬܬܪܝܡ (= αἴρεται), so Syr. Hex. Phil. ܡܫܬܩܠ.

ܚܝܘܗܝ ܡܢ ܐܪܥܐ (= ἀπὸ τῆς γῆς ἡ ζωὴ αὐτοῦ). Syr. Hex. and Phil. ܡܢ ܐܪܥܐ ܚܝܐ ܕܠܗ.

l. 15. ܫܘܪܒܬܗ. Syr. Hex. ܫܘܪܒܬܐ ܕܠܗ.

l. 16. ܥܘܠܐ (= ἀνομία). Syr. Hex. ܠܐ ܢܡܘܣܘܬܐ.

ܒܦܘܡܗ. Syr. Hex. ܒܦܘܡܐ ܕܠܗ.

l. 17. ܨܒܐ (= βούλεται). Syr. Hex. ܒܥܐ. ܨܒܐ is the Philoxenian equivalent of βούλεται, ܒܥܐ the Syr. Hex.

l. 18. ܡܛܠ ܚܛܗܐ (= περὶ ἁμαρτίας). Syr. Hex. ܥܠ ܚܛܝܬܐ.

l. 19. ܕܢܪܝܡ (= ἀφελεῖν). Syr. Hex. ܠܡܥܒܪܘ. Both ܐܪܝܡ and ܐܥܒܪ are used in Syr. Hex. The Phil. always uses ܐܪܝܡ.

P. ܝܚ, ll. 4, 5. ἀτενίσωμεν εἰς has here a double rendering ܢܚܘܪ ܘܢܬܒܩܐ, and is thus distinguished from ἐμβλέψωμεν εἰς (= ܢܬܒܩܐ ܒ) which occurs just below (l. 8). ἀτενίζειν is rendered by ܚܪ ܒ always in Pesh. (except Acts xiv 9), and in Hark. twice only, S. Luke iv 20, Acts iii 12 (elsewhere by ܐܚܕ ܒ). ἀτενίζειν is translated in this epistle by ܐܬܒܩܝ alone vii ܙ 16, ix ܛ 1, xxxvi ܠܘ 21.

P. ܝܛ, l. 2. ܢܬܩܠ ܒ (= προσκόψωμεν). In Phil. προσκόπτειν is always translated by ܐܬܬܩܠ. Cf. S. Luke xvii 4, Pesh.

In the Peshîṭtâ on the other hand ἀλαζονεία is translated by ܚܬܝܪܘܬܐ and ܫܘܒܗܪܐ, ἀλάζων by ܚܬܝܪܐ, ὑπερηφανία by ܡܫܬܥܠܘܬܐ and ὑπερήφανος by ܡܫܬܥܠܐ and ܚܬܝܪܐ.

P. ܝܛ, l. 21. ܠܫܡܥܢ. The Syr. Hex. and the Philox. (S. John xii 38, Rom. x 16) have ܠܫܡܥܬܐ ܕܝܠܢ.

l. 23. ܝܠܘܕܐ (παιδίον). So the Pesh. in this passage; the Syr. Hex. has ܛܠܝܐ. ܝܠܘܕܐ is never used for παιδίον in the Ḥark.

ܠܐ ܐܝܬ. Syr. Hex. ܠܝܬ.

25. κάλλος is here rendered by ܫܘܒܚܐ, but the ܫܘܒܚܐ from the preceding clause would be easily substituted for ܫܘܦܪܐ.

ܕܫܦܝܪ ܗܘܐ ܡܢ ܟܠܗܘܢ ܒܢܝܢܫܐ. Syr. Hex. ܘܡܛܠܘܐ ܝܬܝܪ ܡܢ ܕܒܢܝ̈ܢܫܐ.

P. ܟ, l. 2. ܡܛܠ ܕܡܫܢܝ ܦܪܨܘܦܗ. Syr. Hex. ܡܛܠ ܕܡܫܚܦܝ ܦܪܨܘܦܐ ܕܝܠܗ. In IV ܗ 11 we have ܘܐܫܬܢܝ ܦܪܨܘܦܗ for καὶ συνέπεσεν τῷ προσώπῳ αὐτοῦ.

l. 3. ܚܛ̈ܗܝܗܡ. Syr. Hex. ܚܛ̈ܗܐ ܕܝܠܗܡ.

ܫܩܠ. Syr. Hex. ܢܛܠ.

l. 4. ܡܬܕܘܐ. Syr. Hex. ܚܐܫ.

l. 5. ܘܒܫܘܢܩܐ = καὶ ἐν κακώσει. SH. ܘܒܡܒܐܫܢܘܬܐ. ܫܘܢܩܐ as the rendering of κάκωσις occurs only once in the Syr. Hex. Ps. xliii 21.

ܐܬܩܛܠ (= ἐτραυματίσθη), in Syr. Hex. ܐܬܡܚܝ; but τραυματίζω = ܩܛܠ Syr. Hex. Jerem. ix 1, Ezek. xxviii 9, 23, xxx 4, xxxii 27.

l. 8. ܥܢܐ (= πρόβατα). Syr. Hex. ܥܪ̈ܒܐ (but ܥܢܐ occurs Jerem. xxv 35, 36, Ezek. xxv 5), S. Cyr. *Com. in Luc.* 345, and in Philox. In IV ܗ 8, LIX ܒܘ 13, however, πρόβατα is translated by ܥܪ̈ܒܐ.

l. 9. ܚܛ̈ܗܐ ܕܝܠܢ (= ὑπὲρ τῶν ἁμαρτιῶν ἡμῶν). ܥܠ ܐܦ̈ ܚܛܗܝܗܡ Cyr. *Luc.* 345. ὑπέρ is uniformly rendered by ܚܠܦ in the Philoxenian.

ܡܛܠ ܗܝ ܕܐܬܡܟܟ (= διὰ τὸ κεκακῶσθαι). Syr. Hex. ܡܛܠ ܕܐܬܐܒܫ.

ܡܪܐ ܕܟܠ; in XL ܠܐ 17, 25 by ܡܪܢ, in XLVIII ܠܒ 14, LVI ܡܢ 18 by ܡܪܝܐ; and in LV ܡܒ 12 by ܡܪܐ.

δέσποτα is rendered by ܡܪܐ ܟܠܐ LIX ܡܘ 5, 6; by ܡܪܐ ܕܟܠ LXI ܡܝ 9; by ܡܪܝܐ LX ܡܝ 1; and by ܡܪܐ LXI ܡܝ 17, LXIV ܡܛ 11.

In three passages, however, VIII ܡ 1, XX ܡܡ 12, XXXIII ܡܗ 24 ܡܪܐ ܕܟܠ corresponds to ὁ δεσπότης τῶν ἁπάντων.

It will be observed that the translator uses ܡܪܐ before a genitive and ܡܪܝܐ when the word occurs absolutely. The rendering ܡܪܢ is perhaps due to the fact that the translator understood the words to refer to Christ.

l. 13. ἐπαγγελία is always translated by ܡܘܠܟܢܐ in these epistles, and by ܫܘܘܕܝܐ in the Ḥarklean.

P. ܝ, l. 7. ܫܦܝܪܘܬ ܕܚܠܬܐ is the Ḥarklean rendering of εὐσέβεια. It does not occur in the Peshîṭtâ.

l. 17. ܕܡܬܦܠܓܝܢ is the rendering of οἱ διστάζοντες here and XXIII ܟ 12 and Ep. II XI ܢܝ 16. ܦܘܠܓܐ likewise occurs XLVI ܠܘ 20 as the translation of δισταγμός. In *Reliquiae Juris Ecclesiastici*, ed. Lagarde, p. ܟܒ, l. 10, p. ܟܘ, l. 22 ܐܬܦܠܓܢ is the rendering of διστάζειν, and in the same work p. ܟܢ, l. 5 ܕܠܐ ܦܘܠܓܐ corresponds to ἀδιστάκτως. Cf. Jac. Ed. *Scholia* (ed. Phillips) ܒ 13, ܝ 16, ܟܛ 20, Athanasius, *Festal Epistles* ܠܢ 21.

In the Curetonian, Peshîṭtâ and Ḥarklean versions of the New Testament διστάζειν is rendered by ܐܬܦܠܓ.

l. 18. γενεά is here translated by ܫܪܒܬܐ as in the Gospels of the Peshîṭtâ (except S. Luke i 50 where ܠܕܪܐ ܘܫܪܒܬܐ = εἰς γενεὰς καὶ γενεάς); elsewhere in this epistle it is translated by ܕܪܐ, as in Acts (except ii 40, xiii 36) and epistles of the Peshîṭtâ, and always in the Ḥarklean.

P. ܝܐ, l. 21. ܫܒܗܪܘܬܐ occurs as the translation of ἀλαζονεία here and in XIV ܟܒ 17, XVI ܢܟ 18, XXI ܢܛ 1, XXXV ܟܝ 27; moreover ἀλαζονεύεσθαι is translated by ܐܫܬܒܗܪ II ܢ 15, XXXVIII ܠ 9, and ἀλάζων by ܫܒܗܪܘܬܐ LVII ܡܢ 23. ὑπερηφανία is rendered by ܡܪܚܘܬܐ XVI ܢܟ 19, XXX ܟܒ 2, XXXV ܟܝ 27, and ὑπερήφανος by ܡܪܚܢܐ XXX ܟܒ 3, LVII ܡܢ 24, LIX ܡܗ 20.

Again in VI ܘ 24, XIV ܝܒ 20, XVII ܝܗ 7, XXIV ܟܐ 5 οἵτινες, ἅτινα are translated by ܗܠܝܢ ܟܝܬ ܕ, and in LXIII ܡܛ 7 by ܗܢܘܢ ܟܝܬ ܕ; but in XLIV ܠܕ 22 by ܗܢܘܢ ܕ and in LI ܠܛ 16 by ܕ alone.

In XXV ܟܐ 17 the Greek MSS. have simply ὅς where the Syriac has ܗܘ ܟܝܬ ܕ.

In LVII ܡܕ 2, LXII ܡܚ 16 ἐπειδή is rendered by ܡܛܠ ܟܝܬ ܕ, but in the Second Epistle XII ܢܛ 4 by ܡܛܠ ܕ.

ܟܝܬ occurs ten times in the Ḥarklean as the rendering of γε.

P. ܕ, l. 2. ܬܪܥܝܬܐ is the rendering adopted by the Syriac translator for the following Greek words: βουλή II ܕ 2, LVII ܡܕ 5, LXI ܡܘ 19; βούλησις IX ܚ 22, XL ܠܐ 21; γνώμη VIII ܚ 4; διάνοια XIX ܝܚ 8, XXI ܝܛ 16, XXIII ܟ 8, XXXIX ܠ 19; Ep. 2 I ܟܐ 16, XIX ܣܗ 2, XX ܣܗ 10; ἔννοια XXI ܝܚ 22; πρόθεσις XLV ܠܗ 20.

P. ܚ, l. 5. ܠܐ ܢܡܘܣܘܬܐ is the rendering of ἀνομία, as always in the Ḥarklean; in the Peshîṭtâ ἀνομία is rendered by ܥܘܠܐ.

l. 14. ܙܟܘ. ܙܟܐ is an exceptional rendering of δικαιόω; elsewhere in these epistles ܙܕܩ is used.

l. 16. The MS. has ܣܘܪܝܬܐ for ܫܘܪܝܬܐ here and in XII ܝܘ 16, but not elsewhere.

l. 22. ܐܚܝܕ ܟܠ = παντοκρατορικός. In II ܕ 4, XXXII ܟܗ 18, LVI ܡܛ 4, LX ܡܘ 8, LXII ܡܚ 9, and in the Ḥarklean ܐܚܝܕ ܟܠ is the rendering of παντοκράτωρ.

ܢܬܢܐ = ὑπακούσωμεν. See note on ch. LVIII.

P. ܛ, l. 5. ܗܘܝܐ ܕܡܢ ܕܪܝܫ = παλιγγενεσία. The same rendering is found in the margin of the Ḥarklean, Matt. xix. 28.

l. 6. ܡܪܝܐ ܕܟܠ. There is a somewhat remarkable variation in the translation of ὁ δεσπότης in this epistle. In XI ܝ 10, XX ܝܚ 3, XXIV ܟ 24, XXXVI ܟܚ 25, ܟܛ 3, XLIX ܠܚ 15, LII ܡ 8, it is rendered, as it is here, by ܡܪܝܐ ܕܟܠ; in XXXIII ܟܗ 22 by ܡܪܝܐ

which has been omitted two lines below. A similar substitution occurs in ch. IV, probably because some form of ἀδελφός occurs immediately before and after. The rendering ܐܘ ܚܒܝ̈ܒܐ (also found in XLIII ܠܓ 1) is exceptional in two ways, by the introduction of the interjection ܐܘ as in XIV ܝܒ 15 and L ܠܛ 5, and by the absence of a pronominal suffix which is generally appended to the vocatives (1) ἀγαπητοί, (2) ἀδελφοί, (3) ἄνδρες ἀδελφοί, in this translation.

l. 10. ܡܬܦܢܝܢܘܬܐ. This is the constant rendering of ἐπιστροφή in Syr. Hex. (except in Ezek. xlii 11).

ll. 11–15. The deviations from the Greek which occur in these lines do not necessarily imply a different text, since they may all be traced back to two fundamental errors of the translator: (1) He failed to perceive that the government of περί was carried on to τῆς τε ἀλλοτρίας...στάσεως, and consequently introduced another preposition ܡܢ and began a new sentence: (2) In the words εἰς τοσοῦτον ἀπονοίας ἐξέκαυσαν he took the verb in the sense of ἐξεκαύθησαν and brought out more prominently the idea of motion suggested by εἰς. Compare εἰς τοσαύτην ἀπόνοιαν ἐρχόμεθα, ch. XLVI. Meanwhile as ἥν was left without any regimen, a simple verb was supplied to complete the sense.

l. 11. The Greek word στάσις is here retained in the Syriac, but is followed by the gloss ܫܓܘܫܝܐ its equivalent elsewhere in this epistle. The Greek word is retained under various forms in the Gospels both in the Pesh. and Hark. translations. In the Acts of the Apostles it is rendered by ܫܓܘܫܝܐ in both translations, except in Acts xxiii 7 Pesh. where it is paraphrased.

l. 11. The usage of ܟܝܬ in this translation is as follows: ܟܝܬ = τε I ܒ 11, ܓ 9, 10, 12; II ܓ 14, ܕ 7, XX ܝܚ 11, 13 *bis* (13[1] om. τε C), 18, 21, ܝܛ 5 (om. τε A) 7, 10; XXIII ܟ 6; XXX ܟܓ 24 (om. τε C), ܟܕ 1, 2 (om. τε A); XXXII ܟܗ 8 (C); XXXIII ܟܘ 3, 5; XXXV ܟܙ 26 *bis*, ܟܚ 1; XL ܠܐ 18, 20, 24; XLV ܠܘ 1; XLVI ܠܘ 9; LI ܡ 2, LVIII ܡܕ 25; LX ܡܗ 5. In the second epistle X ܢܚ 10; cf. XV ܣܐ 25.

In some cases where both the Greek MSS. have τε the Syriac has simply ܘ, as in I ܓ 1, IX ܛ 25, XIX ܝܚ 7, XXXV ܟܙ 27, LXI ܡܗ 8; or the τε is not represented in Syriac at all, as in V ܘ 17, XIX ܝܚ 27, XLIV ܠܓ 17, and in XLVII ܠܘ 24, 25, where τε is only found in Cod. A.

We find an instance of ܟܝܬ where the Greek MSS. have καί in II ܓ 20, and where the Greek has no corresponding word in XX ܝܛ 8.

NOTES.

FIRST EPISTLE.

P. ܒ, l. 1. ܩܐܬܘܠܝܩܐ. This epithet, suggested no doubt by the title of the epistles which immediately precede, is not applied elsewhere in our MS. to either.

ܦܐܛܪܘܣ, so p. ܘ, l. 11, p. ܝܐ, l. 9. This spelling, which is occasionally varied in our MS. by ܦܛܪܘܣ (e.g. p. ܝܐ, l. 11), is found but rarely in White's edition of the Philoxenian (Matt. xvi 23, Mark ix 2, Luke v 8). These are the two forms which occur throughout our MS. The usual forms in White's ed. are ܦܗܛܪܘܣ, ܦܛܪܘܣ.

l. 5. ܩܪ̈ܝܐ ܩܕ̈ܝܫܐ (Gk κλητοῖς ἡγιασμένοις). This is the rendering of κλητοῖς ἁγίοις 1 Cor. i 2, Ḥarḳ., but there are two passages in N. T. (Acts xx 32, xxvi 18) where in both the Pesh. and Ḥarḳ. versions ܩܕ̈ܝܫܐ takes the place of ܡܩܕ̈ܫܐ which is the ordinary equivalent for ἡγιασμένοι.

l. 7. εἰρήνη = ܫܝܢܐ in these epistles as in Ḥarḳ. In the few places where this translation occurs in the Curetonian Gospels it is found also in the Peshîṭtâ (viz. Matt. x 34 with the parallel passage Luke xii 51, and Luke xi 21). See *The Ḥarḳlean Version of the Epistle to the Hebrews*, ed. R. L. Bensly, p. 24.

l. 8. The Syriac without doubt represents the reading of Cod. A, συμφορὰς καὶ [περι]πτώσεις, the former substantive being rendered by ܫܘ̈ܬܐ as in 2 Macc. xiv 14, the latter by two words ܫܘܪ̈ܥܬܐ ܘܚܘܣܪ̈ܢܐ. For since ܫܘܪ̈ܥܬܐ by itself might have suggested παραπτώματα (of which it is a constant equivalent in Ḥarḳ.), a second word is added to detach it from this connexion.

l. 9. ܐܘ ܚܒܝ̈ܒܐ stands in the place of ἀδελφοί but translates ἀγαπητοί. The Syriac translator has replaced ἀδελφοί by ἀγαπητοί, since these had obviously been copied long ago, and I can find no trace of revision of the remaining notes, while many have been lost, it seems not unlikely that Professor Bensly changed his mind as to the form of his edition, intending to put the result of his labours into an introduction. Such an introduction however as Professor Bensly would have written, had he lived to complete his work, is unfortunately quite beyond my powers; it therefore seemed best under the circumstances to publish everything in his notes which could be of use for the study of the Syriac version, or which could throw light on the question of its origin. I may remind readers that on this point Professor Bensly has expressed his opinion in his "Ḥarḳlean Version of the Epistle to the Hebrews," p. 8.

I have endeavoured to the best of my power to verify references in the notes; but if they contain any errors or should convey a wrong impression, I would ask readers to put the blame upon me and not upon the painstaking and accurate scholar, whose loss only those who were privileged to be his pupils could adequately appreciate.

My best thanks are due to Canon J. Armitage Robinson, who has kindly allowed me to consult him on various points.

ROBERT H. KENNETT.

QUEENS' COLLEGE,
July 19, 1899.

PREFACE.

IT is with great diffidence that I now publish the late Professor Bensly's edition of the Syriac Version of the Clementine Epistles, the Syriac text of which, with the exception of pp. ܣܛ and ܣܗ, was revised by him in 1876. A short time before his lamented death in 1893 Professor Bensly was looking forward to publishing the book in the course of a few months. I therefore imagined when I undertook to complete the work that my task would be little more than to see it through the press. An examination however of the papers which were placed in my hands by Mrs Bensly shewed me that, interspersed among notes on these Epistles, were a number of notes upon other subjects, and that these latter were indeed the more numerous. Upon arranging in order all the papers relating to the Clementine Epistles I discovered that they were by no means complete, and that of those in my hands some had already been published by Bishop Lightfoot in his Appendix. The rest were obviously in many instances Professor Bensly's working notes and, in their present form, not intended for publication. They seemed however to shew that Professor Bensly had at one time intended to publish notes on the Syriac text of the two Epistles, and this supposition was confirmed by the presence among the other papers of the first two pages of notes in a revised form. But

www.ingramcontent.com/pod-product-compliance
Lightning Source LLC
Chambersburg PA
CBHW022141090426
42742CB00010B/1343
* 9 7 8 3 3 3 7 7 2 8 7 8 6 *